MUJER, BENDITA ERES

*Un devocionario de noventa días
a solas con Dios*

MUJER, BENDITA ERES

*Un devocionario de noventa días
a solas con Dios*

T.D. JAKES

Unilit

Medley, FL

Publicado por
UNILIT
Medley, FL 33166

Primera edición: 2022

© 2021 por *T. D. Jakes*
Título del original en inglés:
Woman, Thou Art Blessed: A 90-Day Devotional Journey
Publicado por *Destiny Image Publishers, Inc.*
Originalmente publicado en USA.
(This translation of Woman, Thou Art Blessed: A 90-Day Devotional *is published by arrangement with* Destiny Image.*)*

WWW.DESTINYIMAGE.COM

Traducción: *Nancy Pineda*
Diseño de cubierta: *Eileen Rockwell*
Maquetación: *producioneditorial.com*

Producto: 497153

ISBN: 0-7899-2571-0 / 978-0-7899-2571-8

Categoría: *Vida cristiana / Vida práctica / Mujeres*
Category: *Christian Living / Practical Life / Women*

Impreso en Colombia
Printed in Colombia

CONTENIDO

INTRODUCCIÓN

A la hermosa mujer de Dios que sabe que hay más, te escribo esto. A la mujer de Dios que se siente abrumada y agobiada por las circunstancias de la vida, te escribo esto. A la mujer que sabe que la crearon para volar y brillar para Dios, ¡este es tu momento! Dios puso en ti su propósito divino y sus promesas proféticas en la creación. Todavía están dentro de ti, listos para estallar. Si el pasado todavía te persigue, no temas. Si sientes que estás en el fuego, no temas. Hay un cuarto Hombre en el fuego y quiere liberarte. Cuando perteneces a Dios, el fuego solo quema las cuerdas que te atan. Puede que haga calor, pero Dios siempre proporciona una vía de escape. Saldrás brillando como el oro.

Mi oración es para que nosotros, como cristianos, nunca perdamos la convicción de que Dios sí cambia vidas. Debemos proteger este mensaje. Nuestro Dios nos capacita para hacer los radicales cambios necesarios, a fin de cumplir con nuestros propósitos y responsabilidades. Al igual que la oruga que come y duerme en su camino hacia el cambio, el proceso ocurre de forma gradual, pero aun así de manera poderosa. Cuando dejamos que Dios haga esta obra de transformación en nuestras vidas, salimos como hermosas mariposas, volando con Él. Muchas personas que estremecerán este mundo están durmiendo en el capullo de la oscuridad, esperando que llegue su cambio. Las Escrituras declaran: «*Es ya hora de levantarnos del sueño; porque ahora está más cerca de nosotros nuestra salvación que cuando creímos*» (Romanos 13:11). Amada, ¡es justo tu momento!

El cambio es un regalo de Dios. Se le da a la mujer que se encuentra demasiado alejada de lo que siente que le ordenó el destino. No hay nada de malo en equivocarse, ¡pero sí en no realizar los ajustes necesarios para hacer bien las cosas! Incluso, dentro de la comunidad cristiana, algunos no creen en la capacidad de Dios para cambiar el corazón humano. Esta incredulidad en la capacidad de Dios para cambiar hace que las personas juzguen a los demás basadas en su pasado. De vez en cuando se reviven las cuestiones muertas en la boca de los chismosos. Sin embargo, el Señor regenera de forma progresiva la mente de sus hijos.

No des por sentado que el verdadero cambio ocurre sin lucha y oración. Sin embargo, el cambio se puede lograr. La vida nos ha cincelado a muchos de nosotros hasta convertirnos en simples fragmentos de lo que estábamos destinados a ser. A todos los que lo reciben a Él, Cristo les da el poder de escapar de lo que fueron forzados a ser, de modo que puedan transformarse en el individuo para el que se crearon.

Hija, Dios sabe quién eres de veras y lo que ha preparado para que hagas. Él tiene bendiciones que son solo para ti. A fin de cumplir tu propósito y estremecer este mundo, tú, al igual que esa oruga, necesitarás realizar un viaje de transformación con el Señor. Este diario de meditaciones te llevará a través de un proceso de cambio y crecimiento hacia tu propósito específico. Quizá algunos días te sientas como ese capullo oscuro mientras enterramos las viejas mentalidades y clavamos los traumas del pasado en la cruz. Habrá momentos de Getsemaní, momentos de «prensa de aceite», de clamar al Señor mientras lidiamos con la identidad, las relaciones y tu forma de pensar. No obstante, a través del fuego es que Dios nos convierte en oro puro. No te apresures a leer este diario. El cambio lleva tiempo. Cada día tiene un pasaje bíblico, una entrada devocional, una cita sobre el propósito esencial y un momento de transformación. Permite que el material lo asimiles de veras a medida que lo lees. Ora conmigo sobre cada tema importante y deja que Dios transforme tu corazón. De seguro que lo hará.

El costo del cambio incluye oraciones, lágrimas y lucha, pero te aseguro que valdrá la pena el esfuerzo. No importa lo que la vida te haya cincelado, Dios tiene la última palabra. No terminarás con el mismo aspecto que tenías al principio. Él hace todas las cosas nuevas. Recuerda, ¡eres bendecida! ¿Estás preparada para la transformación?

¡EL PODER DE LA TRANSFORMACIÓN ESTÁ DENTRO DE TI!

Antes que te formase en el vientre te conocí, y antes que nacieses te santifiqué, te di por profeta a las naciones.

JEREMÍAS 1:5

Dios me enseñó una importante lección sobre la transformación a través de mis gemelos. Los niños son excelentes maestros. Estaban jugando con un camión, y la siguiente vez que miré era un avión.

—¿Qué pasó con el camión con el que estaban jugando? —les pregunté.

—¡Papá, esto es un transformador! —me explicaron.

—¿Qué es un transformador? —les pregunté después.

Su respuesta me llevó a la Presencia del Señor.

—¡Puede transformarse de lo que era antes en lo que queremos que sea! —me respondieron.

¡De repente me di cuenta de que Dios creó el primer transformador! Creó al hombre del polvo. Lo creó de tal manera que, si fuera necesario, podría sacar a una mujer de él sin tener que volver a usar el polvo. De un solo acto creativo, Dios transformó al hombre en un matrimonio. Luego, transformó al matrimonio en una familia, a la familia en una sociedad, etc. Dios nunca tuvo que volver a tocar la tierra, pues el poder de transformar estaba intrínsecamente colocado en el hombre (¡y en la mujer!). Los diversos tipos de potencial estaban encerrados en su espíritu antes del nacimiento. Para el cristiano, la transformación en su punto óptimo es el resultado de lo interno. Dios puso en ti ciertas cosas que deben salir. Hija, tú albergas el poder profético de Dios. Cada palabra de tu propio destino profético está dentro de ti. ¡Él te ordenó que seas!

Dios es quien obra en los destinos internos de los hombres y mujeres. Él nos da el poder de convertirnos en quienes somos de manera eterna e interna. Lo que los cristianos denominan con tanta frecuencia como gracia es de veras la capacidad divina de Dios para cumplir el propósito predestinado. Cuando el Señor le dice a Pablo: «*Bástate mi gracia*» (2 Corintios 12:9), solo afirma que su poder no se deja intimidar por tus circunstancias. Es importante que todos y cada uno de los vasos que Dios utiliza se den cuenta de que fueron capaces de lograr lo que no pudieron lograr otros, solo porque Dios les dio la gracia para hacerlo. ¡Tú tienes el poder de Dios para alcanzar y lograr metas que trasciendan las limitaciones humanas!

PROPÓSITO ESENCIAL: Tú albergas el poder profético de Dios. Cada palabra de tu propio destino profético está dentro de ti.

MOMENTO DE TRANSFORMACIÓN: Poderosa mujer de Dios, Él puso un destino profético dentro de ti. Tiene un gran propósito para tu vida. Si estás cansada de tratar de liberar tus propios recursos, ven al Señor, recíbelo y permítele que libere en ti el poder para convertirte en lo que necesitas ser. Él te mostrará tu propósito de nuevo. Dios es quien te creó. Conoce tu potencial. También sabe todo por lo que has pasado, y no está preocupado. Él te está dando la gracia y el poder para convertirte en quien eres de veras y cumplir con tu destino.

Mientras te embarcas en este viaje, invita al Espíritu Santo a que despierte de nuevo tu espíritu a su voz. Pídele a Dios que te recuerde tu destino profético. ¿Quién dice Él que eres? ¿Qué es lo que ha estado oculto que Él quiere liberar a través de este proceso de transformación?

BUSCA A DIOS, EL SUPREMO RABÍ

El Señor le dijo a Moisés: «Junta a setenta ancianos de Israel, de los que tú sepas que son ancianos y jefes del pueblo, y llévalos hasta la entrada del tabernáculo de reunión. Diles que esperen allí contigo».

NÚMEROS 11:16 (RVC)

Hoy en día, en el Cuerpo de Cristo se enfatiza mucho el proceso de la mentoría. El concepto de mentoría es tanto bíblico como eficaz; sin embargo, como solemos hacer, muchos de nosotros nos hemos ido a los extremos. En lugar de enseñarles a los jóvenes a buscar a Dios, el supremo Rabí, corren enloquecidos en busca de una madre o un padre espiritual que invierta en ellos. No todos somos mentores como Josué, bajo la mano firme de un líder fuerte. Algunos, como Moisés, están preparados por las obras de la multiforme sabiduría de Dios.

Este último grupo recibe orientación a través de las circunstancias organizadas con sumo cuidado que Dios ordena para lograr un resultado final. Sin importar lo que describa tu ascenso a la grandeza, todavía es Dios el que «produce así el querer como el hacer». Cuando comprendes esto, aprecias a las personas o los métodos que ha usado Dios, pero básicamente alabas a Dios cuya magistral habilidad de conducción fue en aumento en el producto final de un hombre o una mujer de Dios.

De acuerdo con este concepto de mentoría, consideremos las instrucciones de Moisés cuando se le pidió que consagrara ancianos en Israel. Dios le pidió a Moisés que reuniera para Él a hombres que sabía que eran ancianos. Dios le dijo: «Junta a setenta ancianos de Israel, de los que tú sepas que son ancianos». Solo puedes ordenarle a alguien que sea lo que ya es. La percepción que necesitamos para tener éxito es el discernimiento de quién está entre nosotros. Ay de la mujer a la que colocan en lo que no es. Moisés debía llevar a estos hombres a volver al principio. En otras palabras, se les debía conducir a lo que ya eran. Solo nos sentimos realizados cuando nos llevan a ser quienes estábamos predestinados a ser. El verdadero éxito llega a nosotros mismos. ¿Quién eres, amada?

PROPÓSITO ESENCIAL: Solo nos sentimos realizados cuando nos llevan a ser quienes estábamos predestinados a ser. El verdadero éxito llega a nosotros mismos.

MOMENTO DE TRANSFORMACIÓN: Tal vez tengas mentores maravillosos o tal vez anheles más mentoría. Sin importar de quien más esté o no invirtiendo en ti, Dios está obrando en tu vida. Él es el que dispone las circunstancias e incluso a las personas que te rodean para lograr sus propósitos, pues conoce tu identidad y propósito. Él te está guiando hacia el verdadero éxito: llegar a ti misma... tu brillante y hermoso ser.

Incluso, cuando asesoramos a otros o procuramos ser asesorados, es importante recordar lo que Dios le mostró a Moisés. Necesitaba discernir los dones y los llamamientos de estos hombres y disponerlos para lo que eran, en este caso, ancianos. En tu proceso de llegar a ti misma, busca a Dios, el supremo Rabí. ¡Él te mostrará cada vez más lo que hay en ti!

EL ARREPENTIMIENTO ES EL PRERREQUISITO PARA EL AVIVAMIENTO

Por su poder, Dios lo exaltó como Príncipe y Salvador, para que diera a Israel arrepentimiento y perdón de pecados.

Hechos 5:31 (nvi®)

La Biblia llama al cambio *arrepentimiento*. El arrepentimiento es el don de Dios para un corazón luchador que quiere encontrarse a sí mismo. El Señor quiere llevarte a un lugar de seguridad y refugio. Sin la ayuda del Espíritu Santo, puedes buscar una y otra vez, y aun así no encontrar el arrepentimiento. El Señor les mostrará el lugar del arrepentimiento solo a los que tienen hambre y sed de justicia. Un momento con el Espíritu de Dios puede llevarte a un lugar de renovación que, por tu cuenta, no encontrarías ni disfrutarías. Cuando Dios te da la gracia para hacer cambios que sabes que no podrías hacer con tus propias fuerzas, se convierte en algo precioso para ti.

> *Porque ya sabéis que aun después, deseando heredar la bendición, fue desechado, y no hubo oportunidad para el arrepentimiento, aunque la procuró con lágrimas.* (Hebreos 12:17)

El hermano Esaú buscó el lugar del arrepentimiento y no pudo conseguirlo. Transformarse es cambiar. Si no te mueves hacia tu propósito divino, necesitas arrepentirte con urgencia. «Arrepentirse» tiene una fuerte connotación negativa para la persona adoctrinada a creer que el arrepentimiento es una acción temible y peligrosa. No es peligroso. El arrepentimiento es el prerrequisito del avivamiento. No puede haber avivamiento sin un arrepentimiento piadoso. Juan el Bautista le enseñó a Israel: «Arrepentíos, porque el reino de los cielos se ha acercado» (Mateo 3:2). Si Dios quiere que cambies, es porque quiere que estés preparada para lo que Él desea hacer a continuación en tu vida. Prepárate, hija; lo mejor no ha llegado aún.

PROPÓSITO ESENCIAL: El arrepentimiento es el prerrequisito del avivamiento. No puede haber avivamiento sin un arrepentimiento piadoso.

MOMENTO DE TRANSFORMACIÓN: Muchos de nosotros clamamos por un avivamiento en nuestras naciones, nuestras ciudades, nuestras familias y en nuestros propios corazones. Sin embargo, no puede haber avivamiento sin un arrepentimiento piadoso. El arrepentimiento no es peligroso ni negativo. Es precioso. Dios quiere prepararte y sacarte de ese capullo con el que comenzamos, a fin de que puedas volar a todo el color y la belleza. No puedes salir igual que cuando entraste. Él quiere que te conviertas en una mariposa deslumbrante y cumplas tus propósitos como lo que eres en realidad.

Mientras buscas la justicia, el Espíritu Santo te mostrará cualquier cosa que necesite su toque transformador. Pídele que te revele los aspectos en los que necesites arrepentirte. Y, por favor, no dejes que esa palabra te desanime. Solo sigue a Jesús en cualquier cambio necesario para alinear tu corazón con su propósito divino.

DÉJATE CONFORMAR POR EL GETSEMANÍ, NO POR EL MUNDO

Porque a los que antes conoció, también los predestinó para que fuesen hechos conformes a la imagen de su Hijo, para que él sea el primogénito entre muchos hermanos.

ROMANOS 8:29

La palabra *conformes* en Romanos 8:29 es *summorfós* (James Strong, *Nueva Concordancia Strong Exhaustiva de la Biblia* [Editorial Caribe, Miami, FL, 2002], #G4832), la cual significa «formado juntamente; es decir, similar, semejante» a, en este caso, Cristo. Dios te predestinó para que seas una imagen de Cristo en la tierra. Cristo es el primogénito de una gran familia de hermanos que tienen un parecido sorprendente con su Padre. Sin embargo, se requiere una visita al huerto de Getsemaní para la conformación de la voluntad. *Getsemaní* significa literalmente «prensa de aceite» (Strong #G1068). Dios presiona el aceite de su unción de tu vida a través de la adversidad. Cuando abandones tu voluntad para ser moldeada en una imagen más clara de Cristo, verás pequeñas gotas de aceite saliendo en tu caminar y obrar para Dios. En resumen, Él predestinó el prensado en tu vida que produce el aceite. A medida que se te presiona, poco a poco te adaptas a la imagen de tu propósito predestinado.

> *No os conforméis a este siglo, sino transformaos por medio de la renovación de vuestro entendimiento, para que comprobéis cuál sea la buena voluntad de Dios, agradable y perfecta.* (Romanos 12:2)

Literalmente, este versículo dice que no debemos conformarnos al mismo patrón de este mundo. El texto nos advierte que no debemos someternos a los dictados del mundo. Debemos evitar el uso de esos estándares como un modelo para nuestro progreso. En un nivel más profundo, Dios nos dice: «No uses el mismo patrón del mundo para medir el éxito ni para establecer el carácter y los valores». El término *mundo* en griego es *aión* (Strong #G165), que se refiere a las edades. Juntas, estas palabras nos dicen: «No permitas que el patrón de los tiempos en los que te encuentras se convierta en el que le dé forma a tu persona interior».

PROPÓSITO ESENCIAL: Cristo es el primogénito de una gran familia de hermanos que tienen un parecido sorprendente con su Padre.

MOMENTO DE TRANSFORMACIÓN: Dios te predestinó para ser conformada a la imagen de Jesús, una amada hija de Dios. Jesús fue al huerto de Getsemaní. Sudó gotas de sangre en ferviente oración ante su Padre, entregando su voluntad para el mayor plan de transformación del Padre para la humanidad. Los estándares de este mundo podrían decir que la adversidad significa que hiciste algo mal, pero Dios tiene un estándar diferente. Él utiliza la adversidad para prensarte y desarrollar tu carácter.

Cuando abandones tu voluntad por sus caminos, verás que de tu caminar y tu trabajo para Dios salen pequeñas gotas de aceite. Si se lo permites, Él te exprime justo en tu propósito. ¿Tu vida se encuentra en alguna adversidad en este momento? Pídele a Dios que te muestre el aceite que sale de esos mismos lugares.

NO TE RESIGNES, ¡TRANSFÓRMATE!

Con respecto a la vida que antes llevaban, se les enseñó que debían quitarse el ropaje de la vieja naturaleza, la cual está corrompida por los deseos engañosos; ser renovados en la actitud de su mente; y ponerse el ropaje de la nueva naturaleza, creada a imagen de Dios, en verdadera justicia y santidad.

EFESIOS 4:22-24 (NVI®)

A medida que continuamos con este tema de no conformarse a este mundo, pueden surgir algunas preguntas: «¿Cómo respondes a las circunstancias y condiciones preexistentes que te han afectado mucho?». O: «Ya me he convertido en algo menos de lo que Dios quisiera que fuera debido a los tiempos en los que vivo o a las circunstancias en las que crecí». La respuesta es esta: ¡cada aspecto de tu ser que ya se ha conformado a esta era debe transformarse!

El prefijo *trans* implica movimiento, como en las palabras *transportar*, *transcendencia*, *transacción*, *transición*, etc. En este sentido, *transformar* implicaría mover la forma. En un nivel más profundo significa pasar de una forma a otra, como en el renacuajo que se transforma en rana y la oruga en mariposa. No importa lo que se te configurara mal, en Dios está el poder de ser transformada. Él hace nuevas todas las cosas (lee Isaías 43: 18-19).

Muchas personas en el Cuerpo de Cristo perseveran sin progresar. Luchan con asuntos que se han conformado con el mundo en lugar de transformarse. La transformación tiene lugar en la mente. La Biblia enseña que debemos ser renovados mediante la transformación de nuestra mente (lee Romanos 12:2; Efesios 4:23). Solo el Espíritu Santo sabe cómo renovar la mente. La lucha que tenemos en nuestro interior es con nuestra autopercepción. Por lo general, la percepción de nosotros mismos se ve afectada debido a quienes nos rodean. Nuestra primera opinión sobre nosotros mismos se ve afectada de manera profunda por las opiniones de las figuras de autoridad en nuestros años de formación. Si nuestros padres tienden a descuidarnos o ignorarnos, eso afecta nuestra autoestima. No obstante, con el tiempo maduramos hasta el punto de poder caminar a la luz de nuestra propia imagen, sin que se diluya por las aportaciones de los demás.

PROPÓSITO ESENCIAL: No importa lo que se te configurara mal, en Dios está el poder de ser transformada. Él hace nuevas todas las cosas.

MOMENTO DE TRANSFORMACIÓN: Todos nos hemos visto afectados por circunstancias pasadas. Tal vez todavía puedas escuchar palabras negativas que resuenan en tus oídos. Tal vez tu corazón creyó en esas palabras o experiencias pasadas, y tu autopercepción sigue sufriendo. ¡No temas, hija! El Espíritu Santo sabe cómo renovar tu mente. Él quiere llevarte al lugar de madurez donde la imagen que tienes de ti misma proviene directamente de Él. ¡Eres una mujer poderosa del Dios Altísimo!

¿Qué crees de ti misma en realidad? ¿Coincide con lo que dice la Escritura acerca de tu identidad y valor? Si no es así, es hora de ser transformada por la renovación de tu mente. Un buen punto de partida es el de hacer una lista de pasajes bíblicos sobre tu valor e identidad (por ejemplo, el Salmo 139). Léelos tú misma. Permite que las palabras calen hondo y ahoguen cualquier otra voz.

LAS VERDADES TRANSFORMADORAS NACEN EN SU PRESENCIA

*Él les dijo: Y vosotros, ¿quién decís que soy yo? Respondiendo Simón
Pedro, dijo: Tú eres el Cristo, el Hijo del Dios viviente.*

MATEO 16:15-16

Cuando experimentamos el nuevo nacimiento, volvemos a
los años formativos de ser impresionables en lo profundo.
Es importante que discernamos a quién le permitimos que influya
en nosotros. Siempre que intimemos con alguien, lo primero que
deberíamos querer saber es: «¿Quién dices que soy?». Nuestra necesidad básica es ser comprendidos por el círculo íntimo de personas
con las que caminamos. Sin embargo, debemos estar preparados
para abortar la información negativa y destructiva que no nos lleva
a una conciencia acelerada de las realidades y fortalezas internas.
Jesús pudo preguntarle a Pedro: «¿Quién decís que soy yo?», ¡pues
ya sabía la respuesta! (Lee Mateo 16:15). Jesús sabía quién era.

Pedirle a alguien que te defina sin saber primero la respuesta
dentro de ti es peligroso. Cuando hacemos ese tipo de preguntas,
sin una conciencia interior, le abrimos la puerta a la manipula-
ción. El Señor quiere ayudarte a que te des cuenta de quién eres y
lo que se te concede hacer. Cuando comprendes que Él es el único
que te conoce de veras, lo buscas con intensidad y determinación. Solo Dios sabe quiénes somos y cómo debemos conseguirlo.
Este conocimiento, encerrado en el consejo de la omnisciencia de

Dios, es la base de nuestra búsqueda, y es la liberación de ese conocimiento lo que trae una transformación inmediata. Él conoce la esperanza o la meta de nuestro llamado. Él no está muy lejos de nosotros; se les revela a las personas que lo buscan. Los que buscan son los que hallan. ¡La puerta solo se les abre a los que llaman y los dones se les dan a los que piden! (Lee Lucas 11:9).

Las verdades transformadoras surgen a través del canal del nacimiento de nuestra diligencia al buscar el rostro de Dios. La iniciación es nuestra responsabilidad. Todo el que tenga hambre y sed se le saciará. Mientras estás en su presencia es que Él pronuncia una visión omnisciente de tu propósito y curso individual. Hay una palabra renovadora que cambiará tu opinión sobre tu circunstancia. Justo cuando el enemigo cree que te tiene, ¡transfórmate ante sus propios ojos!

PROPÓSITO ESENCIAL: Cuando comprendes que Él es el único que te conoce de veras, lo buscas con intensidad y determinación.

MOMENTO DE TRANSFORMACIÓN: Una de las cosas más peligrosas de la vida es perder la noción de quién eres. A veces, los demás ven los tesoros ocultos que hay en nosotros, pero otras veces nos ponen etiquetas falsas o nos definen basándose en nuestro pasado. Dios quiere liberar la verdad que trae la transformación. Esto viene a través del tiempo en su presencia. Cuando lo buscas, no solo lo encuentras a Él, sino que encuentras a tu verdadero yo. Entonces, cada vez que alguien te diga lo que no puedes hacer o ser, o lo que no puedes conseguir o lograr, dile: «¡Todo lo puedo en Cristo que me fortalece! ¡Soy una transformadora!».

¿Hay lugares en los que les has pedido a otros que te definan? Busca a Jesús en su lugar. Toca a la puerta del cielo hoy y pídele a Dios que te abra los ojos para ver lo que Él ve cuando te mira.

LEVÁNTATE Y ANDA, AMIGA MÍA

Cuando Jesús lo vio acostado, y supo que llevaba ya mucho tiempo así, le dijo: ¿Quieres ser sano? [...] Jesús le dijo: Levántate, toma tu lecho, y anda.

Juan 5:6 y 8

J esús le dijo a una mujer que había estado luchando con una condición incapacitante durante dieciocho años que no estaba atada en realidad, ¡que en verdad era libre! De inmediato, se transformó mediante la renovación de su mente. (Lee Lucas 13:11-13). Pablo dijo en Efesios 5:26 que Jesús limpia a través del «lavamiento del agua por la palabra». Su profunda verdad lava todas las limitaciones y residuos de los obstáculos del pasado y, de manera gradual y suntuosa, nos transforma en las personas restauradas y renovadas para las que nos crearon.

Con una palabra, Jesús lo cambia todo, pero tenemos que responder. Jesús rara vez asistía a los funerales. Cuando lo hizo, fue para detener a la muerte y parar la ceremonia. Si estás organizando una elaborada ceremonia para celebrar tu falta de participación en el plan de Dios, debo advertirte que Dios no se demora en los funerales. A veces, los cristianos se frustran y se retiran de la actividad a causa de sus luchas personales. Piensan que todo terminó, ¡pero Dios dice que no es así! Lo mejor no ha llegado aún. Al Señor no le gustan las fiestas de compasión, y quienes las celebran se sorprenden al descubrir que, aunque están invitados, Él pocas veces asiste. Muchos dolientes morbosos vendrán a sentarse contigo mientras lloras por tus queridos sueños difuntos. En cambio, si quieres que venga el Señor, no debes decirle que no planeas levantarte.

Si pretendemos conseguir algo, debemos reaccionar ante la adversidad como la levadura. Una vez que la levadura se mezcla por completo en la masa, no se puede detectar. Aunque es invisible, es muy eficaz. Cuando el calor esté encendido, subirá. Cuanto más cálidas sean las circunstancias, mayor será la reacción. Del mismo modo, Dios nos coloca en lugares cálidos e incómodos, a fin de que podamos levantarnos. Considera a Israel en Egipto. Cuanto más los afligía el enemigo, más crecían los israelitas. A veces, los peores momentos de nuestra vida nos fortalecen más que todas nuestras experiencias en la cima de la montaña. El poder de Dios reacciona ante la lucha y el estrés. ¿Acaso Dios no se refirió a eso cuando le dijo a Pablo: «Mi poder se perfecciona en la debilidad» (2 Corintios 12:9)?

PROPÓSITO ESENCIAL: A veces, los peores momentos de nuestra vida nos fortalecen más que todas nuestras experiencias en la cima de la montaña.

MOMENTO DE TRANSFORMACIÓN: Todos pasamos por luchas personales. A veces Dios nos pone en lugares incómodos para que podamos levantarnos y crecer. Entonces, tenemos dos opciones: hacernos una fiesta de compasión, o levantarnos y andar. Al igual que el hombre enfermo de Juan 5, en ocasiones no nos sentimos lo bastante fuertes como para movernos, pero Jesús nos encuentra en nuestros lugares más bajos. En realidad, su poder se incrementa cuando nos sentimos débiles. Él extiende la sanidad sobrenatural y dice: «¡Levántate, *toma tu lecho, y anda*» (Juan 5:8). Amada, ¿responderás a su invitación?

¿Estás en un lugar cálido e incómodo? Si sientes que el fuego se calienta a tu alrededor, reacciona ante la adversidad como la levadura. Toma la mano extendida de Jesús y permítele que te levante. No te quedes abajo. Levántate, hija, lo mejor no ha llegado aún.

NO TE QUEDES EN LA BARCA... ¡CAMINA SOBRE LAS AGUAS!

Y Él dijo: Ven. Y descendiendo Pedro de la barca, caminó sobre las aguas, y fue hacia Jesús. Pero viendo la fuerza del viento tuvo miedo, y empezando a hundirse gritó, diciendo: ¡Señor, sálvame! Y al instante Jesús, extendiendo la mano, lo sostuvo y le dijo: Hombre de poca fe, ¿por qué dudaste?

MATEO 14:29-31 (LBLA)

S i alguna vez te relacionas con personas que han logrado mucho, te dirán que esos logros no fueron gratuitos. Por lo general, ese precio es mucho más caro de lo que casi siempre se desea pagar. Aun así, el costo de la transformación total significa cosas diferentes para cada persona. Cuando llegues a tu destino, no te sorprendas de que algunas personas den por sentado que todo lo que lograste no tiene precio. El verdadero precio del éxito radica en la necesidad de perseverar. El trofeo nunca se le entrega a quien no completa la tarea. Las dificultades son solo para que Dios muestre lo que es capaz de hacer. Los funerales son para las personas que aceptaron la idea de que todo terminó. No hagas eso; en cambio, dile al enemigo: «Todavía no estoy muerta».

Todo el asunto del cristianismo consiste en levantarse. Sin embargo, no puedes levantarte hasta que no te caes. Eso no significa que debas caer en pecado. Significa que debes permitir que el poder resucitador del Espíritu Santo opere en tu vida sin importar si has caído en pecado, desánimo, apatía o miedo. Hay obstáculos que pueden hacerte tropezar a medida que avanzas hacia lo productivo. Sin embargo, no importa lo que te haya hecho tropezar; lo que importa es que te levantes. Las personas que jamás experimentan estas cosas casi siempre son personas que no hacen nada. Hay cierta seguridad en la inactividad. No se gana nada, pero tampoco se pierde nada. Yo prefiero caminar sobre las aguas con Jesús. Prefiero estar a punto de ahogarme y que me salve en lugar de ir a lo seguro y nunca experimentar lo milagroso.

PROPÓSITO ESENCIAL: Las dificultades son solo para que Dios muestre lo que es capaz de hacer.

MOMENTO DE TRANSFORMACIÓN: Cuando Pablo habla en Hebreos 12 de correr nuestra carrera, dice que lo hagamos con «paciencia» o, como usan otras traducciones, con «perseverancia». Esto sugiere que no será corta ni fácil. Habrá contratiempos y obstáculos en la ruta, pero incluso cuando esas cosas te hagan tropezar, la carrera no ha terminado. El éxito se logra mediante la perseverancia. Si has pasado por momentos difíciles, es hora de volver a levantarte y de intentarlo de nuevo. Salir de la barca para caminar sobre las aguas significa correr riesgos.

Pedro tuvo que agarrarse a Jesús para experimentar lo milagroso. Te garantizo que valió la pena. ¡Qué emocionante debe haber sido caminar sobre las aguas con su Salvador! ¿En qué aspectos sientes el empuje del Espíritu Santo para que salgas de tu zona de comodidad y logres algo grandioso?

Día nueve

VIVE TU VIDA CON TENACIDAD (SIN ARREPENTIRTE)

No nos cansemos, pues, de hacer bien; porque a su tiempo segaremos, si no desmayamos.

GÁLATAS 6:9

Hace varios años, un joven se acercó a mí y me dijo: «Me estoy preparando para fundar una iglesia. ¿Tiene algún consejo para mí?». Es más, me preguntó: «Si pudiera resumir en una palabra lo que se necesita para ser eficiente en el ministerio, ¿cuál sería esa palabra?». Lo pensé un momento y luego respondí: «¡Tenacidad!». Debes ser una persona tenaz, que siempre abunde en la obra del Señor. Si te rindes con facilidad, no hay necesidad de que intentes lograr mucho para Dios. *Tenacidad* es una palabra que utilizo para describir a las personas que no aceptan un no por respuesta. Intentan las cosas de una manera, y si eso no da resultado, lo intentan de otra manera. Sin embargo, no se rinden. Tú que estás a punto de quebrantarte bajo el estrés de intensas luchas, ¡sé tenaz! ¡No te rindas!

Algo terrible les sucede a las personas que se rinden con demasiada facilidad. Se llama *arrepentimiento*. Se trata del sentimiento molesto y persistente que dice: «Si me hubiera esforzado más, podría haber tenido éxito». Cuando aconsejo a parejas casadas, siempre las animo a que se aseguren de que han hecho todo lo posible para construir un matrimonio exitoso. Es terrible acostarse por la noche pensando: «Me pregunto qué habría pasado si hubiera intentado esto o aquello». Por supuesto, todos experimentamos algún grado de fracaso. Así es que aprendemos y crecemos. Si un bebé tuviera que aprender a caminar sin caerse, nunca aprendería. Un bebé aprende tanto de caerse como de sus primeros pasos tambaleantes. El problema no es el fracaso; ¡es cuando fallamos y nos cuestionamos si nuestra falta de compromiso fue lo que nos impidió perder la oportunidad de convertir la prueba en un triunfo! Nunca podremos estar seguros de la respuesta a menos que aunemos nuestros talentos, hagamos acopio de valor y concentremos nuestras fuerzas para alcanzar una meta. Si no tenemos la pasión necesaria para ser tenaces, deberíamos dejar las cosas así. En cambio, tengo la sensación de que eres una mujer apasionada que está lista para ser tenaz.

PROPÓSITO ESENCIAL: *Tenacidad* es una palabra que utilizo para describir a las personas que no aceptan un no por respuesta. Intentan las cosas de una manera, y si eso no da resultado, lo intentan de otra manera. Sin embargo, no se rinden.

MOMENTO DE TRANSFORMACIÓN: Qué triste sería renunciar a una carrera y descubrir después que la línea de meta estaba a la vuelta de la esquina. Quizá estés corriendo en una temporada intensa y la presión te parezca abrumadora. No te rindas. Hay una cosecha para ti donde sea que estés sembrando ahora mismo. Sigue cavando, sigue arando. Cuando te sientas cansada, sigue siendo tenaz. Si un camino está bloqueado, prueba con otro. Cuando lo des todo, vivirás con tenacidad y no te arrepentirás.

Tal vez haya asuntos en los que sientas que ya fracasaste o en los que te preguntes si te rendiste demasiado rápido. Invita al Espíritu Santo a que entre en cada arrepentimiento del pasado. Permítele que Él hable con renovado valor sobre tu corazón hoy. Tu pasado no es tu presente ni tu futuro. No es demasiado tarde para ser tenaz.

ESTABLECE TU META DONDE SE ALINEAN EL TALENTO Y EL PROPÓSITO

El corazón humano genera muchos proyectos, pero al final prevalecen los designios del Señor.
Proverbios 19:21 (nvi®)

Los talentos múltiples pueden ser una fuente de confusión. Las personas que son eficientes en una sola cosa tienen poco que decidir. Llegados a este punto, permíteme distinguir entre talento y propósito. Puede que tengas dentro de ti una multiplicidad de talentos. En cambio, si el Espíritu Santo no da ninguna dirección en ese aspecto, no serás eficiente. ¿Tienes el llamado en el campo donde te sientes talentoso? Por otro lado, considera este versículo: «*Y sabemos que a los que aman a Dios, todas las cosas les ayudan a bien, esto es, a los que conforme a su propósito son llamados*» (Romanos 8:28). Entonces, tienes el llamado de acuerdo a su propósito y no a tus talentos. Debes tener un sentido de propósito en tu ministerio y no solo talento. Sigue al Espíritu Santo y establece tus metas donde se alinean el propósito y los talentos.

Te sorprendería saber cuántas personas hay que nunca se centran en una meta. Hacen varias cosas al azar sin examinar qué tan contundentes pueden ser cuando se comprometen por completo con una causa. La diferencia entre lo magistral y lo mediocre suele ser un esfuerzo centrado. Por otra parte, la mediocridad es magistral para las personas de recursos y habilidades limitados.

Así que lo cierto es que el verdadero éxito está relacionado con la capacidad. Lo que es un hecho milagroso para una persona puede que no sea nada importante para otra. El objetivo de una persona debe fijarse en función de su capacidad para cultivar sus talentos y su agilidad para provocar un cambio.

A menudo me pregunto hasta dónde llega mi mejor trabajo. Estoy convencido de que no he desarrollado a plenitud mis dones. Sin embargo, estoy comprometido con la causa del ser. Te preguntas: «¿Ser qué?». Estoy comprometido a ser todo lo que estaba destinado y predestinado a ser para el Señor, para mi familia y para mí. ¿Qué me dices de ti? ¿Has decidido arremangarte y ponerte a trabajar? Recuerda que el esfuerzo es el puente entre la mediocridad y el logro magistral.

PROPÓSITO ESENCIAL: La diferencia entre lo magistral y lo mediocre suele ser un esfuerzo centrado.

MOMENTO DE TRANSFORMACIÓN: Cada persona tiene talentos, recursos y habilidades únicos. Dios puso en ti el destino profético. A medida que lo sigues, Él te capacita para cumplir con tu propósito predestinado. Los talentos dentro de ti dan fruto mientras vives tu propósito. El estándar para tu vida son los estándares de Dios. No compares tu vida con la de otra persona. ¿Qué tenía Él en mente cuando te creó? ¿Qué gracia tienes tú para hacer algo? Cuando estableces metas de acuerdo con tu propósito y habilidad, te vuelves maestra en el Reino.

Haz una lista de tus talentos. ¿Qué cosas te resultan fáciles? Pídele al Espíritu Santo que te muestre cómo tus habilidades se alinean con los propósitos de Dios para tu vida. Dedica tiempo a orar sobre este asunto y establece una meta con el Señor en esta dirección. A medida que te comprometes y te concentres, ¡experimentarás un logro magistral!

YA ERES BENDECIDA EN TU PROPÓSITO

Ningún soldado en servicio activo se enreda en los negocios de la vida diaria, a fin de poder agradar al que lo reclutó como soldado. Y también el que compite como atleta, no gana el premio si no compite de acuerdo con las reglas.

2 TIMOTEO 2:4-5 (LBLA)

Ayer vimos el talento y el propósito. Hoy seguiremos profundizando en este tema. Me doy cuenta de que esta idea es muy controvertida; no obstante, si solo tienes talento, puedes sentirte cómoda llevando tus talentos a un ámbito secular. El talento, como la justicia, es ciego; buscará todas las oportunidades por igual. Sin embargo, cuando eres consciente del propósito divino, ¡hay algunas cosas que no harás porque frustrarían el propósito de Dios en tu vida! Por ejemplo, si tu propósito es bendecir el Cuerpo de Cristo en el canto o en el ministerio, aunque tengas el talento suficiente para aspirar a alguna plataforma secular de excelencia, si eres consciente de tu propósito, harás lo que tienes el llamado a hacer. ¡Ser llamado de acuerdo al propósito te permite concentrarte en el desarrollo de tu talento con relación a tu propósito!

Siempre que alineamos nuestros esfuerzos con el propósito de Dios, automáticamente somos bendecidos. En 2 Timoteo 2:4-5 se nos dice: «*Ningún soldado en servicio activo se enreda en los negocios de la vida diaria, a fin de poder agradar al que lo reclutó como soldado. Y también el que compite como atleta, no gana el premio si no compite de acuerdo con las reglas*» (LBLA). Para luchar legítimamente, nuestros esfuerzos deben adaptarse al modelo del propósito divino. Todo el mundo ya está bendecido.

A menudo pasamos horas en oración tratando de convencer a Dios de que debe bendecir lo que tratamos de lograr. Lo que tenemos que hacer es pasar horas en oración para que Dios nos revele su propósito. Cuando hacemos lo que Dios ordena que se haga, somos bendecidos, pues el plan de Dios ya está bendecido.

PROPÓSITO ESENCIAL: A menudo pasamos horas en oración tratando de convencer a Dios de que debe bendecir lo que tratamos de lograr. Lo que tenemos que hacer es pasar horas en oración para que Dios nos revele su propósito.

MOMENTO DE TRANSFORMACIÓN: Dios tiene un propósito específico para tu vida, un propósito hermoso y maravilloso. A veces luchamos por descubrir ese propósito. Puede que hagamos un trabajo o servicio en un campo, pues es fácil en función de nuestros talentos. O podemos orar para que Dios bendiga nuestras metas en lugar de buscar sus metas en oración. Cuando nos esforzamos en una dirección a la que no nos dirige Él, nuestro esfuerzo no es legítimo. Luchar legítimamente es cuando trabajamos hacia el propósito de Dios.

Ayer oramos y establecimos una meta alineando talento y propósito. ¿Sientes claridad sobre tu propósito divino o aún no estás segura? Síguele pidiendo a Dios que te revele su propósito. Recuerda Mateo 7:7, amada: «Pedid, y se os dará; buscad, y hallaréis; llamad, y se os abrirá». Dios es fiel en responder y sus planes ya están bendecidos.

EL LUGAR MÁS SEGURO ESTÁ EN LA VOLUNTAD DE DIOS

Muchos son, Señor, mis enemigos; muchos son los que se me oponen, y muchos los que de mí aseguran: «Dios no lo salvará». Pero tú, Señor, me rodeas cual escudo; tú eres mi gloria; ¡tú mantienes en alto mi cabeza! Clamo al Señor a voz en cuello, y desde su monte santo él me responde. Yo me acuesto, me duermo y vuelvo a despertar, porque el Señor me sostiene.

Salmo 3:1-5 (nvi®)

Quizá hayas conocido momentos de frustración. La mayoría de nosotros, en un momento u otro, nos hemos encontrado luchando por dar a luz una idea que se concibió en el vientre de la mente humana en oposición a la divina. En mi caso, aprendí que Dios no se deja manipular. Si Él lo dijo, eso es todo. Ninguna cantidad de oraciones con los labios resecos y los ojos llenos de lágrimas harán que Dios evite lo que Él sabe que es mejor para ti. Sé muy bien lo que se siente al encontrarse sentado en el borde de la cama cuando debería haber estado durmiendo. He luchado en el proceso de rendición angustiosa. James Taylor tenía una canción secular titulada «Ayúdame a pasar la noche». Esas experiencias nocturnas nos llegan a todos. Esos vientos turbulentos y bulliciosos de indecisión soplan con fuerza contra la constitución humana. El salmista también nos da su testimonio en la Escritura, el Salmo 3:1-5.

David declara que el Señor es quien te sostiene en los peligrosos tiempos de lucha y guerra interiores. La preciosa paz de Dios es la que alivia tu tensión cuando intentas tomar decisiones frente a la crítica y al cinismo. Cuando te das cuenta de que algunas personas no quieren que tengas éxito, la presión aumenta de forma drástica. Muchos han dicho: «Dios no la librará». Sin embargo, que muchos lo digan no significa que sea cierto.

Creo que el lugar más seguro del mundo entero está en la voluntad de Dios. Si alineas tu plan con su propósito, ¡el éxito es inminente! Por otro lado, si no he tenido tanto éxito como me gustaría, es inevitable que buscar el propósito de Dios enriquece mis recursos y hace que lo imposible sea alcanzable. Si llega la tormenta y sé que estoy en la voluntad de Dios, nada más importa.

PROPÓSITO ESENCIAL: Creo que el lugar más seguro del mundo entero está en la voluntad de Dios. Si alineas tu plan con su propósito, ¡el éxito es inminente!

MOMENTO DE TRANSFORMACIÓN: En el Antiguo Testamento, las guerras se ganaban mediante la adoración. Los muros de Jericó cayeron con un grito de fe. Dios mismo ganó estas victorias mientras su pueblo confiaba en Él y lo adoraba. Cuando alineamos nuestros planes con su propósito, no importa lo que venga en nuestra contra, siempre estamos del lado ganador. Esto no significa que las cosas siempre serán fáciles. Todavía hay batallas que pelear y ganar, pero cuando estamos en su voluntad, nos encontramos en el lugar más seguro.

¿Sientes que estás librando alguna batalla en este momento? ¿Sientes que hay algunos detractores en tu vida que dicen que Dios no te librará? Si es así, haz la oración que hizo David y ten la seguridad de que Dios responderá. Él tiene la victoria para ti, mujer de Dios.

PASE LO QUE PASE, NO ESTÁS SOLA

Mi socorro viene de Jehová, que hizo los cielos y la tierra. No dará tu pie al resbaladero, ni se dormirá el que te guarda.

SALMO 121:2-3

Recuerdo cuando mi esposa y yo criábamos a dos de nuestros hijos (ahora tenemos cuatro). Los tiempos eran duros y el dinero escaseaba. Fueron muchas las noches en las que me abatía ante las necesidades de nuestro hogar. Oraba, o mejor dicho, me quejaba con Dios. Le explicaba cómo vivía más cerca de Él de lo que jamás había vivido y, sin embargo, sufríamos con las facturas de los servicios públicos y la falta de alimentos. Me preguntaba: «¿Dónde estás, Señor?». Yo era predicador y pastor. Todos los demás hombres de Dios parecían tener abundancia, pero yo estaba necesitado.

Predicaba, cantaba y clamaba, pero por dentro empezaban a crecer los temblores de un terremoto de frustración. Me habían despedido del trabajo y mi iglesia era tan pobre que ni siquiera podía prestarme atención. Estaba en problemas. Nos cortaban el gas y, a veces, la electricidad. Tras no poder pagar mis facturas, salí de la oficina de servicios públicos y rompí a llorar. En realidad, fue un diluvio de sollozos, jadeos, temblores y lamentos. Parecía un loco caminando por la calle. Estaba al límite de mis fuerzas.

A este arrebato melodramático Dios no dijo absolutamente nada. Esperó a que yo recuperara un poco la compostura y entonces habló. Nunca olvidaré el dulce sonido de su voz bajo la respiración entrecortada de mi terrible frustración. Dijo, con los ricos tonos de una voz de clarinete: «¡No permitiré que tu pie resbale!». Eso fue todo lo que dijo, pero fue la forma en que lo dijo lo que hizo que la adoración eliminara el dolor de mi corazón. Fue como si dijera: «¿Quién te crees que soy? No permitiré que tu pie resbale. ¿No entiendes que te amo?». Mientras viva, nunca olvidaré el santo silencio y la paz de su promesa que llegó a mi espíritu. De repente, no importaron la luz, el gas ni el dinero. Lo que importaba era que sabía que no estaba solo; el Señor estaba conmigo.

PROPÓSITO ESENCIAL: De repente, no importaron la luz, el gas ni el dinero. Lo que importaba era que sabía que no estaba solo; el Señor estaba conmigo.

MOMENTO DE TRANSFORMACIÓN: En el Salmo 121, David escribe sobre la tierna ayuda de Dios. Él no dejará que tu pie resbale. Incluso cuando duermes, Dios no duerme. Él vela por ti día y noche. A veces, la vida es desafiante. Quizá las presiones de la vida, la crianza de los hijos, el matrimonio, la presión económica o cualquier otro aspecto, te estén afectando. Como te narré, durante mi temporada de luchas financieras, tuve noches inquietas, hacía muchas oraciones y hasta rompía a llorar. Justo en medio de uno de mis momentos más difíciles, Dios salió a mi encuentro. Su voz calmó mi tormenta y me trajo consuelo. Supe que no estaba solo. Dios no siempre cambia nuestras circunstancias de inmediato, pero nos encuentra con su Presencia y su Palabra.

Lee el Salmo 121 mientras oras hoy. Pídele a Dios que te susurre sus promesas una vez más. Tú no estás sola. Créeme, ¡mejorará!

Día catorce

LA VIDA LLEGA POR TEMPORADAS, ACÉPTALAS TODAS

Porque esta leve tribulación momentánea produce en nosotros un cada vez más excelente y eterno peso de gloria.

2 Corintios 4:17

Siempre tendremos temporadas de luchas y pruebas. Hay momentos en los que todo lo que intentamos hacer parecerá salir mal. A pesar de nuestras oraciones y consagración, vendrá la adversidad. No podemos orar para que no lleguen las temporadas de Dios. El Señor tiene un propósito de no permitirnos ser fructíferos todo el tiempo. Necesitamos temporadas de lucha. Estos períodos destruyen nuestro orgullo por nuestra propia capacidad y refuerzan nuestra dependencia en la suficiencia de nuestro Dios. Qué sorpresa es descubrir que la misma persona que fue fructífera en un período experimentó luchas en otros momentos.

Cuando Dios envía los vientos fríos del invierno para que soplen sobre nuestras circunstancias, debemos seguir confiando en Él. A pesar de nuestra aversión por los vientos cegadores y las frías garras de las estaciones invernales, estos inconvenientes temporales tienen un propósito. El apóstol Pablo llama a esos tiempos «leve tribulación momentánea» (2 Corintios 4:17). Yo digo: «¡Esto también pasará!».

Hay cosas que no están destinadas a cambiar, sino a sobrevivir. Entonces, si no puedes cambiarlas, ¡sobrevive! Sé como un árbol. En los brazos helados del invierno, el bosque renueva en silencio su fuerza, preparándose para su próxima temporada de fecundidad. Sus ramas se mecen con los vientos, la savia y la esencia del árbol pasan al subsuelo. Sin embargo, no es un adiós; en la primavera se abrirá camino hacia el inicio de una nueva experiencia. Los contratiempos temporales crean oportunidades para un nuevo compromiso y renovación. Si registraras tus logros, notarías que son estacionales. Hay temporadas de sol y de lluvia. Llega el placer, luego el dolor y viceversa. Cada etapa tiene su propio propósito.

PROPÓSITO ESENCIAL: Los contratiempos temporales crean oportunidades para un nuevo compromiso y renovación.

MOMENTO DE TRANSFORMACIÓN: Si sientes el frío del invierno, anímate, hija, esto también pasará. Esta no es la historia completa de tu vida; es una temporada. El Salmo 1:3 dice: «Será como árbol plantado junto a corrientes de aguas, que da su fruto en su tiempo, y su hoja no cae; y todo lo que hace, prosperará». Lo mismo ocurre con otras personas. Algunas personas a tu alrededor están en su temporada de primavera, otras están en el estéril invierno. Esta es una razón más para no compararte con otros.

Si estás en el invierno, usa esta temporada para echar raíces profundas en Dios, a fin de que des fruto a su debido tiempo. Y no compares tu invierno con la primavera de otra persona. Celebra sus frutos y confía en que los tuyos llegarán también. Pregúntale a Dios cómo puedes celebrar a alguien hoy.

¡NO TOMES DECISIONES PERMANENTES BASADAS EN CIRCUNSTANCIAS TEMPORALES!

Aunque la visión tardará aún por un tiempo, mas se apresura hacia el fin, y no mentirá; aunque tardare, espéralo, porque sin duda vendrá, no tardará.

Habacuc 2:3

Una de las mayores luchas que he encontrado es la tentación de tomar decisiones permanentes basadas en circunstancias temporales. Alguien dijo una vez: «La paciencia es un árbol cuya raíz es amarga, pero su fruto es dulce». La recompensa de la paciencia se refleja en no tener que modificar gradualmente tus enmiendas. Las circunstancias temporales no siempre requieren acción. He descubierto que la oración nos lleva a la paciencia. La paciencia es el resultado de la confianza. No podemos confiar en un Dios con el que no hablamos. No me malentiendas; Dios necesita hombres y mujeres decididos. Sin embargo, no todas las situaciones deberían tener una reacción inmediata. La oración es el condimento del buen juicio. Sin ella, nuestras decisiones no serán aceptables.

Nuestra lucha consiste en esperar la cita que tenemos con el destino. Quizá debería señalar primero que Dios es un Dios de orden; hace todo con cita previa. Él estableció una cita predeterminada para llevar a cabo su promesa en nuestras vidas. Una cita es un encuentro ya programado. Amiga mía, Dios no se olvidó de ti ni de tus promesas. Como declara David: «*¿Qué es el hombre, para que tengas de él memoria [...] ?*» (Salmo 8:4). La mente de Dios está llena de ti. Incluso, en esos momentos de estancamiento absoluto en tu vida, Él está obrando un fin esperado para tu bien (lee Jeremías 29:11).

A través de los muchos vientos tempestuosos que soplan contra nuestras vidas, Dios ya preparó una vía de escape. Nuestro consuelo está en saber que tenemos una cita con el destino. La conciencia interior es la que nos hace darnos cuenta de que, a pesar de las circunstancias temporales, Dios tiene un tiempo presente de liberación.

PROPÓSITO ESENCIAL: Dios es un Dios de orden; hace todo con cita previa. Él estableció una cita predeterminada para llevar a cabo su promesa en nuestras vidas.

MOMENTO DE TRANSFORMACIÓN: Amada, Dios se acuerda de ti. Él es quien te creó y está tiernamente a tu lado en cada momento como un Padre orgulloso. La Biblia dice que toda buena dádiva proviene de nuestro Padre (lee Santiago 1:17). Dios quiere comunicarse contigo y entablar una profunda relación de confianza. Parte del proceso es ser paciente y creer lo que Dios dice por encima de las circunstancias temporales. Ayuda hablar su palabra en voz alta. ¡Recuerda que su mente está llena de ti! Declara que Él está obrando todas las cosas para bien.

Pídele a Dios que te guíe a un versículo de la Biblia sobre las promesas que te hace. Declara en voz alta lo que Él te muestra. Si no estás segura, comienza con los versículos a los que hice referencia aquí: Habacuc 2:3; Salmo 8:4; Jeremías 29:11; Santiago 1:17.

NO POR EL PODER NI POR LA FUERZA, SINO POR EL ESPÍRITU DE DIOS

Y me dijo: Esta es la palabra del Señor a Zorobabel: «No por el poder ni por la fuerza, sino por mi Espíritu» —dice el Señor de los ejércitos.

ZACARÍAS 4:6 (LBLA)

La paz nos envuelve cuando sabemos que nada de lo que haga el enemigo puede abortar el plan de Dios para nuestras vidas. Mayor aún es la paz que proviene de saber que no podemos apresurar el tiempo de Dios. Cuando el Señor le habla una palabra a nuestras vidas, es como una semilla. Se necesita tiempo para que brote una semilla. Dios sabe cuándo llegamos al momento de la germinación. Nuestra confianza está en la semilla de Dios. Cuando la promesa crezca en la tierra fértil de un corazón lleno de fe y alcance el tiempo de maduración, se cumplirá. Será un resultado directo de la presencia de Dios. No será por el poder ni por la fuerza del ser humano, sino por el Espíritu del Señor (lee Zacarías 4:6).

El salmista David dijo: «En tu mano están mis tiempos» (Salmo 31:15). Para mí hay una sensación de tranquilidad que proviene de descansar en el Señor. Su cita para nosotros está predeterminada. Hay una paz que proviene de saber que Dios nos incluyó en su plan, hasta en los detalles.

Creo fervientemente que todo el mundo está predestinado a lograr ciertas cosas para el Señor. En algún lugar de lo más recóndito de tu mente debe haber un conocimiento interno que te dirija hacia un fin esperado. En mi caso, esta conciencia es la que me permite levantarme de la cama y seguir luchando por sobrevivir. Tú debes ser la clase de persona tenaz que puede hablar con el enemigo y decirle: «Mi vida no puede terminar sin que sucedan ciertas cosas. No se acaba hasta que Dios diga: "¡Se acabó!"».

PROPÓSITO ESENCIAL: Nuestra confianza está en la semilla de Dios. Cuando la promesa crezca en la tierra fértil de un corazón lleno de fe y alcance el tiempo de maduración, se cumplirá.

MOMENTO DE TRANSFORMACIÓN: No importa lo que sucedió en tu pasado, Dios todavía tiene un buen plan para tu vida. Él te predestinó para lograr ciertas cosas. Pablo lo expresa de esta manera: «*Porque somos hechura suya, creados en Cristo Jesús para buenas obras, las cuales Dios preparó de antemano para que anduviésemos en ellas*» (Efesios 2:10). Dios es quien te lleva a esos propósitos. Nada puede detener al Señor. Tus tiempos están en sus manos. Su Espíritu, no el poder humano, trae la victoria. Todas estas verdades deberían traer una paz profunda a tu corazón. No dejes que el enemigo te mienta. ¡No ha terminado! Invita al Espíritu Santo a que te recuerde los propósitos que Dios tiene para tu vida. ¿Qué resuena en tu corazón con ese «conocimiento interno»? ¿Qué te da fuerzas para seguir adelante?

«¡LA VERDAD QUE YACE EN TIERRA SE LEVANTARÁ DE NUEVO!»

Y sabemos que a los que aman a Dios, todas las cosas les ayudan a bien, esto es, a los que conforme a su propósito son llamados.

ROMANOS 8:28

Dos veces en mi niñez hablé proféticamente sobre cosas que han sucedido desde entonces. No sé cómo, a esa temprana edad, supe que tenía una cita con el destino, pero de alguna manera intuí que Dios tenía un propósito para mi vida. Sin embargo, no puedo decir que todo lo que encontré en la vida me empujó hacia mi destino. Por el contrario, hubo fuertes contradicciones a lo largo de mi tempestuosa adolescencia. Aun así, tenía ese conocimiento interno, demasiado profundo para explicarse.

Quiero que sepas que aunque las circunstancias contradigan el propósito, ¡este siempre prevalecerá! La oposición es lo que te demuestra con claridad que Dios está obrando. Si el cumplimiento de la profecía se produjo sin obstáculos, asumirías que solo recibiste una serendipia. No obstante, cuando todos los indicadores dicen que es imposible y a pesar de eso ocurre, sabes que Dios lo hizo de nuevo.

Quizá tu hijo se esté desviando de lo que crees que es su fin predestinado. Quizá esté pasando por una adolescencia tormentosa. Permíteme mostrarte una cita. Se sabe que el Dr. Martin Luther King Jr. parafraseó a William Cullen Bryant de esta manera: «¡La verdad aplastada hasta el suelo se levantará de nuevo impertérrita!».

Puede parecer imposible, pero Dios sabe cómo hacer que todas las cosas les ayuden a bien a los que aman al Señor (lee Romanos 8:28). Es muy importante que los padres les inculquen a sus hijos el sentido del destino. Una vez que se dan cuenta de que tienen un potencial incalculable, no hay nada que los detenga. No digo que no se desvíen del camino, todos lo hemos hecho. Sin embargo, gracias a Dios se les ha dado un camino para desviarse. Muchos hijos de hoy ni siquiera saben cómo es el camino. Cuando todo esté dicho y hecho, ¡volverán en sí, como el hijo pródigo!

PROPÓSITO ESENCIAL: Si el cumplimiento de la profecía se produjo sin obstáculos, asumirías que solo recibiste una serendipia. No obstante, cuando todos los indicadores dicen que es imposible y a pesar de eso ocurre, sabes que Dios lo hizo de nuevo.

MOMENTO DE TRANSFORMACIÓN: A lo mejor tuviste padres maravillosos que te inculcaron el sentido del destino en tu corazón. No obstante, si nunca los tuviste, quiero que sepas que Dios es tu Padre Bueno. Él tiene un camino. A lo largo de tu vida, Él ha estado hablando de los sueños y del destino a tu corazón, sin importar que seas consciente de su voz o no. Las verdades que Él puso dentro de ti se levantarán. Nada es imposible para Él. Lo mismo ocurre con tus hijos. Sigue orando por ellos y nunca pierdas la esperanza.

¿Hay personas en tu vida que son jóvenes en edad o en su camino con el Señor? ¿Podrías ser una madre espiritual y hablarles del destino a sus corazones? Pídele a Dios que te destaque a alguien que pueda necesitar un estímulo adicional en este aspecto.

SU PROMESA PUEDE RETRASARSE, PERO NO PUEDE NEGARSE

Y me dijo el Señor: Bien has visto, porque yo velo sobre mi palabra para cumplirla.

Jeremías 1:12 (lbla)

En Génesis, el Señor le prometió a Eva una simiente. Le dijo: «Y pondré enemistad entre ti y la mujer, y entre tu simiente y la simiente suya; ésta te herirá en la cabeza, y tú le herirás en el calcañar» (Génesis 3:15). Cuando Eva dio a luz a lo que pudo haber pensado que era la simiente prometida, hubo verdaderos problemas. Su hijo mayor, Caín, estaba extremadamente celoso de su hijo menor, Abel. En el calor de la ira, Caín mató a su hermano. Por un ataque de celos, todos los sueños de Eva yacían sangrando en el suelo. Ahora su hijo mayor era un criminal en fuga, y su hijo menor estaba muerto en la flor de la vida. La lúgubre desesperación se apoderó del corazón de esta madre. Se suponía que era la madre de todos los vivos, y todo lo que crio era un cadáver y su asesino.

Sin embargo, Dios desenvolvió el manto del fracaso que la rodeaba y la bendijo con otro hijo. Le puso por nombre «Set». Set significa «sustitución». Viene de la raíz hebrea *shiyth*, que significa designar o señalar. De repente, mientras sostenía a su nuevo bebé en brazos, comenzó a darse cuenta de que Dios es soberano. Si decreta algo, de seguro que se cumplirá. Eso no impide que el maligno intente retrasar el cumplimiento de lo que dijo Dios, pero no puede evitar que suceda. Es posible que tu bendición no llegue de la manera que pensabas. Quizá no llegue a través de la persona que pensabas. En cambio, si Dios lo dijo, tenlo por seguro. Tal vez se retrase, pero no se puede negar. Eva llamó a su tercer hijo «Set», pues entendió que si Dios promete bendecir a alguien, ¡encontrará la manera! Incluso, si eso significa nombrar a un sustituto, cumplirá su promesa.

PROPÓSITO ESENCIAL: Es posible que tu bendición no llegue de la manera que pensabas. Quizá no llegue a través de la persona que pensabas. En cambio, si Dios lo dijo, tenlo por seguro. Tal vez se retrase, pero no se puede negar.

MOMENTO DE TRANSFORMACIÓN: ¿Sientes que algunas cosas en tu vida no han ido como esperabas? Tal vez tú, como Eva, experimentaras una pérdida dolorosa. O tal vez sea una visión o un sueño que parezca muerto. Esas circunstancias pueden llevarnos a una sombría desesperación, pero nada toma por sorpresa a Dios. Él sabe todo lo que sucedió y lo que sucederá en tu vida. Puedes confiar en Él incluso si las cosas se ven complicadas. Dios encontrará la manera de bendecirte.

A veces tenemos que dejar de lado nuestras ideas sobre cómo deberían ser las cosas, a fin de ver hacia dónde se mueve Él. Si las cosas no salieron según lo planeado, pídele a Dios su perspectiva. Pregúntale si hay algo que debas soltar, tal vez una decepción pasada, de modo que puedas recibir las bendiciones que Él tiene para hoy.

SI LA VIDA TE HA PUESTO EN ESPERA, ¡AGUARDA!

Y conoció de nuevo Adán a su mujer, la cual dio a luz un hijo, y llamó su nombre Set: Porque Dios (dijo ella) me ha sustituido otro hijo en lugar de Abel, a quien mató Caín.

GÉNESIS 4:25

El propósito de Dios no se abortó cuando Caín mató a Abel. A pesar de que la vida tiene sus puntos débiles, todo lo que dice Dios se cumplirá al fin y al cabo. ¿Alguna vez has tenido que pasar por un tiempo de ataque? Satanás intenta asesinar la voluntad de Dios en tu vida. Sin embargo, el que comenzó en ti la buena obra, la llevará a cabo hasta el día de Jesucristo (lee Filipenses 1:6). Cuando sufrimos una pérdida como la de Eva, hay un sentimiento de desamparo. Sin embargo, no puedes permitir que las circunstancias pasadas aborten la oportunidad futura. Si has experimentado una pérdida en tu vida, te digo que Dios tiene una manera de restaurar las cosas que pensaste que nunca volverías a ver.

Venimos a este mundo plenamente conscientes de que tenemos un tiempo limitado. No vivimos aquí por mucho tiempo antes de enfrentarnos a la fría realidad de la muerte. Desde la pérdida de un pececito de colores hasta la muerte de un abuelo, todos los padres afrontan la responsabilidad de explicar por qué ya no volverá la mascota o la persona. Sin embargo, lo que más me preocupa no es la cantidad de vida, sino la calidad de vida. En pocas palabras, cuando la muerte venga a empujarme a través de su ventana del tiempo hacia la eternidad, quiero sentir que logré algo que vale la pena. Quiero sentir que mi vida hizo alguna declaración positiva.

El escenario más triste que puedo imaginar sería enfrentarme al extremo llamado de la muerte y preguntarme qué habría pasado si me hubiera esforzado más. Sería terrible mirar hacia atrás en tu vida y ver que las muchas veces en que pensaste que se te denegó tu petición, solo se retrasó en realidad. La vida siempre presentará lugares de quebrantos, lugares de lucha y conflicto. Si tienes un propósito divino y la vida te ha puesto en espera, ¡aguarda! Permanece en la línea hasta que la vida te devuelva la llamada. Si crees como yo, vale la pena la espera para recibir tu respuesta del Señor.

PROPÓSITO ESENCIAL: Sería terrible mirar hacia atrás en tu vida y ver que las muchas veces en que pensaste que se te denegó tu petición, solo se retrasó en realidad.

MOMENTO DE TRANSFORMACIÓN: La pérdida es muy real y todos tendremos que atravesarla en ciertos momentos de la vida. Las emociones por las que debió pasar Eva fueron legítimas y válidas. Uno de sus hijos se marchó para siempre. Al otro lo condenaron por asesinato, lo que no es el sueño de nadie para su hijo. La angustia debió ser muy profunda. Si has sufrido una pérdida o una decepción, tómate el tiempo necesario para el duelo. Amada, deja que Dios te encuentre en esa situación y sane tu corazón, pero no te quedes ahí.

Dios tiene promesas sobre tu vida que no se te negarán. Permite que Él te tome de la mano y te lleve a la siguiente temporada. Él es tierno con tu corazón. Dedica un tiempo hoy para invitar al Espíritu Santo a que participe en tu decepción o pérdida. Pídele a Dios una nueva esperanza para tu buen y hermoso futuro.

TEN LA FE PARA ASUMIR UN PATRÓN DE ESPERA

Al Señor esperé pacientemente, y Él se inclinó a mí y oyó mi clamor. Me sacó del hoyo de la destrucción, del lodo cenagoso; asentó mis pies sobre una roca y afirmó mis pasos. Puso en mi boca un cántico nuevo, un canto de alabanza a nuestro Dios; muchos verán esto, y temerán, y confiarán en el Señor.

Salmo 40:1-3 (lbla)

La verdadera prueba de la fe consiste en afrontar el silencio de la espera. Esos son los tiempos de aplazamientos de la indecisión. ¿Alguna vez te has enfrentado a esos momentos en los que tu vida parecía estancada? ¿Alguna vez has sentido que estabas al borde de algo fenomenal, que estabas esperando ese avance en particular que parecía burlarse de ti haciéndote esperar? Todos hemos enfrentado días en los que parecía que Dios se había olvidado de nosotros. Esos son los momentos que se sienten como una eternidad. Estos entrenadores silenciosos llevan tu paciencia a la calistenia extenuante. La paciencia se ejercita cuando la respuesta de Dios es no respuesta. En otras palabras, la respuesta de Dios no siempre es sí o no; a veces Él dice: «¡Ahora no!».

El tiempo de Dios es el que debemos aprender. Él sincroniza sus respuestas para lograr su propósito. Me pregunto si nosotros, como hijos de Dios, no deberíamos estar mejor preparados para esos momentos de la vida en los que Dios habla desde su trono: «Asume un patrón de espera hasta nuevo aviso». La pregunta no siempre es: «¿Tienes suficiente fe para recibir?». A veces es esta:

«¿Tienes suficiente fe para asumir un patrón de espera y aguardar el cumplimiento de la promesa?».

Cuando sabes que Dios no se ha olvidado de ti, sientes una profunda satisfacción. Al trabajar con personas, a menudo debemos recordarles que seguimos estando allí. Parecen olvidar con facilidad quién eres o qué hiciste. ¡Dios no lo hace! No confundas tu relación con Él en cuanto a tu relación con las personas. Dios dice, a través de Pablo, que es injusto olvidar. «*Porque Dios no es injusto para olvidar vuestra obra y el trabajo de amor que habéis mostrado hacia su nombre, habiendo servido a los santos y sirviéndoles aún*» (Hebreos 6:10). En realidad, Dios no olvida.

PROPÓSITO ESENCIAL: La respuesta de Dios no siempre es sí o no; a veces Él dice: «¡Ahora no!». El tiempo de Dios es el que debemos aprender. Él sincroniza sus respuestas para lograr su propósito.

MOMENTO DE TRANSFORMACIÓN: ¿Recuerdas los largos viajes por carretera cuando eras niña? O tal vez tengas niños y los viajes en automóvil se te hacen eternamente largos. La vida también puede parecer así cuando estamos esperando algo que queremos de veras, pero que aún no tenemos. Los niños preguntan una y otra vez: «¿Ya llegamos?», hasta que por fin se alcanza el destino. Nosotros también podemos ser iguales, recordándole continuamente a Dios que todavía estamos esperando aquí abajo. A pesar de eso, hija mía, Dios no se ha olvidado de ti.

Puede que sientas que la vida está estancada y que no tienes respuestas, pero Dios nunca está estancado. Él siempre está obrando en tu corazón y preparando situaciones para cumplir sus propósitos en ti y para ti. Descansa en Él, y pídele que te enseñe acerca de su tiempo perfecto.

DIOS SE ACORDÓ DE NOÉ Y TAMBIÉN SE ACUERDA DE TI

Dios se acordó entonces de Noé y de todos los animales salvajes y domésticos que estaban con él en el arca. Hizo que soplara un fuerte viento sobre la tierra, y las aguas comenzaron a bajar.

GÉNESIS 8:1 (NVI®)

Nunca olvidaré la vez en que pasé por una tremenda lucha. Pensé que era una emergencia. Pensé que debía tener una respuesta en ese momento. Aprendí que Dios no se asusta con facilidad por lo que yo llamo una emergencia. Mientras luchaba en mi corazón por entender por qué Él no había respondido de inmediato mi petición, tropecé con un pasaje que trajo arroyos a mi desierto.

Las primeras seis palabras eran todo lo que necesitaba: *Dios se acordó entonces de Noé*. Todavía las cito de vez en cuando. Al darte cuenta de que Dios sabe dónde estás y que se comunicará contigo a tiempo, ¡qué paz, qué gozo! Antes de que a Noé se le acabaran los recursos y las provisiones, ¡Dios se acordó de él! El Señor sabe dónde estás y sabe cuánto te queda en reserva. Justo antes de que se acabe, Dios enviará el viento para hacer retroceder las aguas de la imposibilidad y te proveerá.

No puedo empezar a describir la verdadera munición que recibí de esas seis poderosas palabras. Cuando las leí, supe que Dios también se acordaba de mí. Yo también necesito el ministerio para evitar que mi actitud decaiga mientras espero la manifestación de la promesa de Dios. A veces, los recordatorios tan sencillos de que

Dios todavía es soberano traen gran gozo al corazón de alguien que está en una situación de espera. El consolador Espíritu de Dios calma mis temores cada vez que me recuerda que Dios no olvida. Él tiene excelentes registros.

PROPÓSITO ESENCIAL: El Señor sabe dónde estás y sabe cuánto te queda en reserva. Justo antes de que se acabe, Dios enviará el viento para hacer retroceder las aguas de la imposibilidad y te proveerá.

MOMENTO DE TRANSFORMACIÓN: Dios está obrando en cada momento, pero hay un panorama mucho más amplio de lo que vemos. En los días de Noé, Dios tenía un plan muy específico que carecía de sentido en el ámbito natural. Noé tuvo que construir un barco gigante para su familia y todas las especies animales. Imagínate lo que la gente debió decir de él mientras trabajaba. Es probable que se sintiera un poco loco. Luego llovió durante cuarenta días (lee Génesis 7:12). ¡Noé y su familia estuvieron en el arca durante casi un año! Apuesto a que se preguntaban si esas tormentas terminarían alguna vez. Quizá se sintieran olvidados, pero luego esas seis palabras: *Dios se acordó entonces de Noé.*

Oh amada, no importa cuánto haya durado la tormenta, Dios se acuerda. Él hará retroceder las aguas y abrirá un camino. Pídele que te dé un vistazo a la eternidad hoy.

¡HAY UN VIENTO QUE NO SE PUEDE DETENER!

Cuando llegó el día de Pentecostés, estaban todos unánimes juntos. Y de repente vino del cielo un estruendo como de un viento recio que soplaba, el cual llenó toda la casa donde estaban sentados.
HECHOS 2:1-2

Dios tiene excelentes registros. Sus registros son tan completos que los cabellos de tu cabeza están contados (lee Mateo 10:30). No solo se cuentan. Contar significaría que Él solo sabe cuántos son. No, están numerados, lo que significa que Él sabe qué cabello está en tu peine. Sabes que Él tiene registros cronológicos de tus cabellos. Entonces, debes saber que Él tiene a la vista a tu familia, tus diezmos y tu fidelidad. ¿Cuánto más cuidaría Dios de ti, si ya vigila el orden numérico de tus cabellos?

Cuando Noé había esperado el tiempo suficiente para cumplir con lo que era necesario para su bien, Dios envió el viento. Hay un viento que viene de la Presencia de Dios. Elimina los obstáculos y seca el suelo bajo tus pies. El viento del Espíritu Santo a menudo te llega como una señal que se da desde la torre de control. ¡Se te autoriza el aterrizaje! Cada vez que el aliento del Todopoderoso sopla una nueva unción sobre ti, es una indicación divina de una liberación sobrenatural.

A pesar del obstáculo en tu vida, hay un viento de Dios que puede sacarte de allí. Permite que el viento del Señor derribe todo espíritu de temor y pesadez que te haría renunciar a lo que te promete Dios. La descripción del Espíritu Santo dice que Él es como «*un viento recio que soplaba*» (Hechos 2:2). Por cada gran problema en tu vida, ¡hay un fuerte viento recio! Ahora bien, un viento normal se puede bloquear. Si cierras la puerta y bloqueas las ventanas, el viento pasa sin dañar el edificio. En cambio, si el viento es muy fuerte y recio, derribará la puerta y romperá las ventanas. Hay ráfagas de viento del Señor que son demasiado fuertes para controlarse. Harán retroceder el Mar Rojo. Harán retroceder el río Jordán. Secarán las tierras húmedas, pantanosas e inundadas como en los días de Noé. El viento de Dios sigue siendo eficaz en gran medida contra cada evento actual en tu vida.

PROPÓSITO ESENCIAL: Permite que el viento del Señor derribe todo espíritu de temor y pesadez que te haría renunciar a lo que te promete Dios.

MOMENTO DE TRANSFORMACIÓN: A lo largo de la Biblia, el Mar Rojo se menciona como un punto de referencia del poder milagroso y liberador de Dios. Los ejércitos egipcios perseguían a los israelitas. Cuando llegaron al Mar Rojo, estaban aterrorizados. Entonces, Dios dividió las aguas. Ellos caminaron por tierra seca y sus enemigos se ahogaron. Dios es poderoso para salvar y fuerte para liberar. Sus caminos no suelen verse como esperamos. Cuando nuestros enemigos nos persiguen, el miedo es muy real. Quizá por eso Dios nos diera muchos ejemplos de su liberación.

Lee Éxodo 14 y deja que despierte tu fe en el gran poder de Dios para librarte. Si te enfrentas a una imposibilidad, pídele a Dios que sople el viento de su Espíritu Santo y que te abra un camino a través de las aguas.

LAS PERSONAS SON LAS MEJORES INVERSIONES DEL MUNDO

Porque de tal manera amó Dios al mundo, que ha dado a su Hijo unigénito, para que todo aquel que en él cree, no se pierda, mas tenga vida eterna.

Juan 3:16

En este mundo, a menudo nos enfrentamos al desánimo. Muchos nunca han tenido a nadie que creyera en ellos. Incluso después de lograr cierto nivel de éxito en un campo u otro, muchos no han tenido a nadie que les señale su potencial. ¿No es sorprendente cómo podemos ver tanto potencial en los demás y, sin embargo, nos resulta difícil descubrir nuestro propio tesoro oculto? Las personas altamente motivadas no están exentas de necesitar a alguien que destaque sus puntos fuertes y débiles. Es imposible percibir cuánto más fuertes podríamos ser si hubiéramos tenido un apoyo mejor. El apoyo es la inversión necesaria para estimular el potencial que poseemos. Sin apoyo, las fortalezas internas pueden permanecer dormidas. Por lo tanto, es fundamental para nuestro desarrollo que haya algún grado de protección en los recursos intrínsecos que poseemos.

Existe una diferencia en la composición emocional de un niño que ha tenido un depósito sustancial de afecto y afirmación. La gran afirmación ocurre cuando alguien invierte en nuestra persona. Creo que las personas son las mayores inversiones del mundo. Existe un vínculo maravilloso entre la persona que invierte y en quien se realiza la inversión. Este vínculo surge del corazón de cualquiera que reconozca que la inversión se realizó antes de que la persona lograra la meta. Cualquiera invertirá en un éxito seguro, ¿pero no estamos agradecidos cuando alguien nos apoya cuando éramos en cierto modo un riesgo?

Es imposible analizar el valor de invertir en las personas y no encontrarnos adorando a Dios; qué imagen tan perfecta de la inversión. Dios es el accionista mayoritario. Sin importar de a quién use más tarde para mejorar nuestro carácter, debemos recordar la magnitud de la inversión de Dios en nuestras vidas.

PROPÓSITO ESENCIAL: Cualquiera invertirá en un éxito seguro, ¿pero no estamos agradecidos cuando alguien nos apoya cuando éramos en cierto modo un riesgo?

MOMENTO DE TRANSFORMACIÓN: Dios nos creó para tener relaciones y esas relaciones mejoran nuestra vida. Juntos cumplimos nuestros propósitos. Ya sea que hayas recibido cariño, afecto y afirmación de la gente o no, recuerda que Jesús pagó el precio más alto por tu vida. Él cree mucho en ti. Dice que vale la pena correr el riesgo y que vale la pena invertir en ti.

En el Cuerpo de Cristo, tenemos la oportunidad de resaltar el potencial de los demás y ayudarnos a descubrir nuestras fortalezas internas. Invertir en personas que son «riesgosas» puede tener el mayor impacto. Como todas las inversiones de alto riesgo, existe la posibilidad de obtener un gran rendimiento. Dios sabe lo que puso en cada persona. Pídele que te muestre quién necesita de tu inversión. ¿A quiénes puedes afirmar y apoyar mientras trabajan hacia su potencial?

Día veinticuatro

DIOS PONE EN EL FUEGO SUS POSESIONES MÁS PRECIADAS

Mas él conoce mi camino; me probará, y saldré como oro.
Job 23:10

Si bien es cierto que el fuego no destruye el oro, es importante señalar que el fuego purifica el oro. Cuando Dios se prepara para pulir su oro, usa pruebas de fuego. Lo lamentable es que nada le aporta brillo a tu carácter y compromiso a tu corazón como lo hace la oposición. El producto terminado es el resultado del proceso de fuego. Siempre que veas a alguien brillar con la clase de esplendor que le permite a Dios mirar hacia abajo y verse a sí mismo, contemplas a alguien que ha pasado por el horno de la aflicción.

Déjame advertirte: Dios pone sus posesiones más preciadas en el fuego. Los vasos preciosos de los que Él extrae la gloria más brillante a menudo están expuestos al crisol de la angustia. La mala noticia es que hasta los que viven vidas piadosas sufrirán persecución. La buena noticia es que puede que estés en el fuego, ¡pero Dios controla el termostato! Él sabe cuánto calor se necesita para lograr su propósito en tu vida. No conozco a nadie que prefiera confiar en el termostato que en el Dios de toda gracia. Cada prueba tiene grados. Algunas personas han experimentado angustias similares, pero en diversos grados. Dios conoce la temperatura que quemará las impurezas de su propósito.

Dios se toma en serio lo de producir el cambio en nuestras vidas que lo glorificará. Luchará para proteger la inversión que ha realizado en tu vida. Qué consuelo es saber que el Señor tiene un gran interés en mi liberación. Él tiene algo más que una simple preocupación por mí. Dios ha comenzado el proceso necesario de cultivar lo que ha invertido en mi vida. ¿Alguna vez te has parado a pensar que fue el propósito divino de Dios lo que te mantuvo a flote cuando otros zozobraron bajo la carga de la vida? Mira a Job; él sabía que Dios tenía una inversión en su vida que ninguna temporada de angustia podría erradicar.

PROPÓSITO ESENCIAL: Siempre que veas a alguien brillar con la clase de esplendor que le permite a Dios mirar hacia abajo y verse a sí mismo, contemplas a alguien que ha pasado por el horno de la aflicción.

MOMENTO DE TRANSFORMACIÓN: Si quieres brillar intensamente, tendrás que pasar por el fuego que purifica tu carácter y compromiso. Dios sabe con exactitud lo que necesitas para alcanzar todo tu potencial. Él invirtió en tu salvación, y ahora invierte sin cesar en tu vida. Los fuegos que Él te hace pasar son para tu bien. Y tiene un gran interés en tu liberación. El mismo Dios que te lleva al fuego es fiel para sacarte purificado de nuevo.

¿Puedes mirar hacia atrás en tu vida y ver lo bueno que salió de las temporadas difíciles? ¿Aprendiste algo acerca de Dios? ¿Cambió tu carácter? Si hay algo en tu vida que se siente bajo fuego en este momento, pídele a Dios que te dé la claridad y seguridad de que Él tiene un propósito.

Día veinticinco

DIOS NO ESCATIMA NADA PARA INVERTIR EN NUESTRAS VIDAS

Yo a la verdad os bautizo en agua para arrepentimiento; pero el que viene tras mí, cuyo calzado yo no soy digno de llevar, es más poderoso que yo; él os bautizará en Espíritu Santo y fuego. Su aventador está en su mano, y limpiará su era; y recogerá su trigo en el granero, y quemará la paja en fuego que nunca se apagará.

Mateo 3:11-12

Cuántas veces Dios ha tenido que avivar las llamas a mi alrededor para producir los efectos que Él quería en mi vida. Es triste tener que admitirlo, pero muchas veces liberamos la impiedad de nuestras vidas solo cuando experimentamos el temible castigo de un Dios fiel que está comprometido a producir el cambio. Su mano ha avivado las llamas que se necesitaban para enseñar la paciencia, la oración y muchas otras lecciones invaluables. Necesitamos sus correcciones. No las disfrutamos, pero las necesitamos. Sin la corrección del Señor, continuamos en nuestro propio camino.

Hebreos 12:8 (nvi®) dice: «Si a ustedes se les deja sin la disciplina que todos reciben, entonces son bastardos y no hijos legítimos». La definición del #G3541 de Strong es «*nódsos*; de afín incierto; hijo espurio o ilegítimo:—bastardo». Qué gozo es saber que Dios se preocupa lo suficiente como para enderezar los lugares escabrosos de nuestras vidas. Sus correcciones paternales son las que nos confirman como hijas e hijos legítimos, no ilegítimos. Él afirma mi posición al corregirme y castigarme.

Debido a que el Padre Dios nos ama tanto, no escatima nada para invertir en nuestras vidas. La mayor y principal inversión que hizo fue el precio excesivo e impensable de la redención que Él pagó. Nadie más nos habría comprado a ese precio. Pagó el precio máximo cuando murió por nuestros pecados. Lo que hizo en la cruz fue adoración. Según el *Nelson's Bible Dictionary*, la palabra *adoración*, traducida literalmente, significa «expresar el valor de un objeto». Por lo general, el menor adora al mayor, pero esta vez el mayor adora al menor. ¡Qué inversión!

PROPÓSITO ESENCIAL: Su mano ha avivado las llamas que se necesitaban para enseñar la paciencia, la oración y muchas otras lecciones invaluables.

MOMENTO DE TRANSFORMACIÓN: Cuando vemos las cosas desde la perspectiva de Dios, y desde la verdad de quién es Él, nos damos cuenta de que incluso los fuegos son verdaderamente para nuestro bien. Él es un Padre bueno. Él nos ama. No escatimó en nada para invertir en nuestras vidas, entregando a su propio Hijo para nuestra salvación. Si estás pasando por lo que se siente como una disciplina o una temporada de refinamiento, míralo a través del lente de un Padre amoroso que enseña a su hija. Tu fuego no es un castigo. Es una inversión en tu futuro.

Invita al Espíritu Santo a entrar en tus fuegos hoy. Pídele a Dios que ablande tu corazón y te muestre cuán tiernamente te ama y se preocupa por ti. Descansa en su Presencia como una niña permitiendo que tu Padre muestre el valor sobre ti.

¡DIOS SE TOMA EN SERIO SU INVERSIÓN EN TI!

De cierto, de cierto os digo, que si el grano de trigo no cae en la tierra y muere, queda solo; pero si muere, lleva mucho fruto.

Juan 12:24

Exploremos más el concepto de que Dios tiene una inversión en nuestras vidas. En primer lugar, nadie invierte sin esperar una ganancia. ¿Qué ganaría un Dios perfecto al invertir en un hombre imperfecto? El apóstol Pablo escribió: «*Pero tenemos este tesoro en vasos de barro, para que la excelencia del poder sea de Dios, y no de nosotros*» (2 Corintios 4:7). Por lo tanto, según las Escrituras, poseemos un tesoro. Sin embargo, la excelencia de lo que tenemos no es de nosotros, sino de Dios. El tesoro es «de» Dios. Eso implica que este tesoro se origina en Dios. Se acumula en nosotros y, luego, se le presenta de nuevo a Él. Ningún agricultor planta un campo en la tierra porque quiere más tierra. No, su expectativa está en la semilla que plantó. La tierra solo es el entorno para la semilla plantada. La semilla es la inversión del agricultor. La cosecha es su devolución, o más exactamente, su herencia cuando la envoltura exterior de la semilla muere en la tierra. La cosecha le cuesta la vida a la semilla.

Nosotros somos ese terreno fértil, roto por los problemas, enriquecido por los fracasos y regado por las lágrimas. Sin embargo, es innegable que hay un depósito en nuestro interior. Este depósito es lo suficientemente valioso como para colocarnos en la lista de objetivos de satanás. Al escribirle a la iglesia de Éfeso, Pablo oró para que «[se alumbren] *los ojos de vuestro entendimiento*» (Efesios 1:18). ¡Una de las cosas que quería que la gente conociera era las riquezas de la herencia de Dios en los santos! Pablo los desafió a ser cada vez más conscientes de la enormidad de su herencia en nosotros, no de nuestra herencia en Él. Pasamos la mayor parte de nuestro tiempo hablando de lo que queremos de Dios. El verdadero problema es lo que Él quiere de nosotros. El Señor es quien tiene la mayor inversión. Nosotros somos la tierra seca y reseca de la que brota Cristo. Créeme, Dios se toma en serio su inversión.

PROPÓSITO ESENCIAL: Pasamos la mayor parte de nuestro tiempo hablando de lo que queremos de Dios. El verdadero problema es lo que Él quiere de nosotros.

MOMENTO DE TRANSFORMACIÓN: Eres una tierra fértil. Tienes mucho potencial dentro de ti. Dios puso tesoros en ti como semillas, y ahora está cultivando esas semillas para la cosecha de tu vida. Cuando decidió invertir en ti, ya sabía lo que ponía dentro de ti. ¡Esto debería darte esperanza y valor! Dios cree en ti. Él conoce las riquezas de su herencia en *ti.* Como un agricultor, Él no se intimida por el trabajo requerido para cultivar la cosecha, pues espera con ansias todos los frutos.

¿Alguna vez has pensado en la herencia de Dios en ti personalmente? ¿Has reflexionado sobre el fruto de tu vida que puedes ofrecerle a tu Creador como mujer de Dios? Pídele a Dios que te dé una visión más profunda de lo que Él está cultivando en ti en este momento.

HAY UN CUARTO HOMBRE EN EL FUEGO

Entonces el rey Nabucodonosor se espantó, y se levantó apresuradamente y dijo a los de su consejo: ¿No echaron a tres varones atados dentro del fuego? Ellos respondieron al rey: Es verdad, oh rey. Y él dijo: He aquí yo veo cuatro varones sueltos, que se pasean en medio del fuego sin sufrir ningún daño; y el aspecto del cuarto es semejante a hijo de los dioses.

Daniel 3:24-25

¿Recuerdas la historia de los tres muchachos hebreos en el horno de fuego? Cuando el malvado rey los arrojó al fuego, pensó que el fuego los quemaría. Él no sabía que cuando uno pertenece a Dios, el fuego solo quema las cuerdas que nos atan. La gente ha dicho que Dios le quitó el calor al horno. Eso no es verdad. Piensa en los soldados que arrojaron a los hebreos al fuego: ¡murieron quemados en la puerta! Había mucho calor en el horno. Dios, sin embargo, controla los límites. ¿Alguna vez has pasado por un problema que debería haber quemado todo en tu vida y, aun así, sobreviviste a la presión? Entonces, ¡debes saber que Él es el Señor sobre el fuego!

Se ha sugerido que si caminas en el Espíritu, no tendrás que lidiar con el fuego. La verdadera fe no significa que no pasarás por el fuego. La verdadera fe solo significa que cuando pases por el fuego, Él estará contigo. Este pensamiento te lleva a una realidad poco común. En la mayoría de los casos, si te dijera que mañana te quemarían viva, pero que no te preocuparas porque yo estaría en el fuego contigo, mi presencia en el problema no proporcionaría ningún consuelo. Sin embargo, ¡la presencia del Señor puede convertir un infierno ardiente en un paseo por el parque! La Biblia dice que una cuarta persona estaba en el fuego, por lo que los tres hebreos pudieron caminar ilesos en él (lee Daniel 3).

El rey Nabucodonosor se asombró cuando los vio superar lo que destruyó a otros hombres. Es bastante popular sugerir que la fe prohíbe los problemas. En cambio, cuando leo sobre estos jóvenes hebreos, me doy cuenta de que, en realidad, si le crees a Dios, puedes caminar en lo que otros hombres y mujeres arden.

PROPÓSITO ESENCIAL: Él no sabía que cuando uno pertenece a Dios, el fuego solo quema las cuerdas que nos atan.

MOMENTO DE TRANSFORMACIÓN: La fe no te da una vida fácil. Más bien, es todo lo contrario. Cuanta más fe tengamos, más fuego podremos soportar. Dios no nos libra de los momentos que requieren una fe radical y un gran valor. Moisés les dijo a los israelitas que se esforzaran y cobraran ánimo. Les recordó que Dios estaría a su lado y que nunca los dejaría ni los desampararía (lee Deuteronomio 31:6). Dios va con nosotros a través del Mar Rojo. Entra en el horno de fuego y preserva nuestras vidas. Incluso en la muerte, Jesús se nos adelantó, y conquistó el infierno y la tumba. Él es de veras el Señor sobre el fuego.

¿Qué pasaría si Dios te pidiera que caminaras directamente hacia una situación aterradora e imposible? ¿Estarías lista para seguirlo? Recuerda, hija, que Él estará justo a tu lado.

EL ENEMIGO NO PUEDE LIMITAR TU LLAMADO

Y me volví para ver la voz que hablaba conmigo; y vuelto, vi siete candeleros de oro, y en medio de los siete candeleros, a uno semejante al Hijo del Hombre, vestido de una ropa que llegaba hasta los pies, y ceñido por el pecho con un cinto de oro. Su cabeza y sus cabellos eran blancos como blanca lana, como nieve; sus ojos como llama de fuego; y sus pies semejantes al bronce bruñido, refulgente como en un horno; y su voz como estruendo de muchas aguas.

APOCALIPSIS 1:12-15

Cuando Juan estaba en la isla de Patmos, estaba limitado a una cueva, pero libre en su espíritu (lee Apocalipsis 1). Recuerda, satanás puede trabajar sin descanso para limitar el ministerio y la reputación del vaso de Dios, pero nunca puede limitar la unción ni el llamado a su vida. El Señor le dice al enemigo: «*No toquéis a mis ungidos, ni hagáis mal a mis profetas*» (1 Crónicas 16:22, LBLA).

En realidad, la situación de Juan en Patmos demuestra que las circunstancias negativas revelan a Cristo, no lo velan. Mientras estaba en las húmedas, lúgubres y oscuras cuevas de la persecución, rodeado por los sonidos de otros prisioneros maltratados, Juan tuvo una visión. En su nueva imagen de Cristo, describe la nítida claridad de una revelación dada en medio del caos. Una crisis puede aclarar tus percepciones al contemplar su rostro, en busca de respuestas que no se encontrarán en los extremos de la situación.

A la larga, todo don ministerial acabará enfrentándose a la cueva de la soledad y a la prisión de una situación de ostracismo. Sin embargo, que el carcelero tenga cuidado; nuestro Dios tiene un ministerio de prisiones. Él hace estallar los muros de la imposibilidad. Juan escribió que escuchó la estruendosa voz del Señor. Cuando la voz de Dios lo condujo a la presencia de Cristo, Juan se derrumbó en la presencia del Señor. Un raudal inundó la cueva cuando Cristo abrió su boca; su voz sonaba como el ruido de muchas aguas. En el proceso de buscar la voz, se encontró con siete candeleros de oro. Más tarde, los candeleros se revelan como la Iglesia. Necesitamos hombres y mujeres que escuchen la voz de Dios antes de ver la obra de Dios. ¿De qué nos servirá pulir los candeleros y encender las velas si no hay una voz de Dios que haga que la gente se vuelva para ver?

PROPÓSITO ESENCIAL: Necesitamos hombres y mujeres que escuchen la voz de Dios antes de ver la obra de Dios.

MOMENTO DE TRANSFORMACIÓN: La respuesta es Jesús. Él dice: «*Yo soy el camino, y la verdad, y la vida; nadie viene al Padre, sino por mí*» (Juan 14:6). Jesús es el Camino. No hay otro camino. La «prisión» de tus circunstancias no es la verdad eterna, es una situación temporal. El enemigo no puede limitar ni apagar tu llamado ni tu unción. Cuando nos sentimos atrapados en una «prisión» de circunstancias que no nos agradan, tenemos la opción de buscar el rostro de Dios y seguir su voz. Él tiene algo que decirte ahora mismo.

Jesús quiere encontrarse contigo. Busca su rostro, amada. Dedica tiempo a esperar su voz. Deja que te inunde como las aguas. Antes de que procures hacer la obra de Dios, escucha la voz de Dios.

SUS PIES ESTUVIERON EN EL FUEGO

Puestos los ojos en Jesús, el autor y consumador de la fe, el cual por el gozo puesto delante de él sufrió la cruz, menospreciando el oprobio, y se sentó a la diestra del trono de Dios.

HEBREOS 12:2

En Apocalipsis, Juan dijo que había muchas aguas en la voz de Jesús, pero el fuego estaba en sus pies. La comunicación eficaz siempre se transmite desde la base de los pies quemados. Juan dijo que los pies de Jesús parecían haber estado en el fuego. Qué consuelo para el carácter acusado de este predicador de Pentecostés descubrir que los pies de su Consolador pasaron por el fuego. Muy amada, escúchame hoy: Tu Libertador tiene los pies quemados. Él sabe lo que se siente al estar en el fuego.

No te puedo garantizar que no enfrentarás situaciones aterradoras si le crees a Dios. Puedo declarar que si los afrontas con la presencia de Cristo, los efectos de la circunstancia se alterarán de manera drástica. Rara vez alguien apreciará por completo el fuego por el que has atravesado, pero ten la seguridad de que Dios conoce el ardiente camino hacia el logro. Él puede sanar los pies ampollados del viajero.

Den gracias a Dios por los pies ardientes de nuestro Señor que corren velozmente al encuentro de sus hijos necesitados. Sin embargo, aún queda la pregunta: «¿Existe alguna protección preventiva que al menos ayude a la víctima que se debate en una prueba de fuego?». Si te encuentras en una prueba de fuego, ten en cuenta que tu fe es la que está a prueba. Si vas a superar el problema, no será por tus sentimientos, sino por tu fe. En 1 Juan 5:4 se nos dice: «*Porque todo lo que es nacido de Dios vence al mundo; y esta es la victoria que ha vencido al mundo, nuestra fe*». El escudo de la fe es el que apaga los dardos de fuego del diablo (lee Efesios 6:16). El término *apagar* significa «extinguir». Si la fe no te libra de él, de seguro te librará a través de él.

PROPÓSITO ESENCIAL: Tu Libertador tiene los pies quemados. Él sabe lo que se siente al estar en el fuego.

MOMENTO DE TRANSFORMACIÓN: Jesús vino a la tierra muy consciente de que recorrería el camino de la cruz. No le temió a la muerte ni a la persecución, sino que se regocijó en la recompensa. Tú eres su recompensa. Él estuvo dispuesto a atravesar el fuego y abrir un camino para ti. Quizá los que te rodean no comprendan los fuegos de tu vida, pero de seguro que Jesús lo entiende. Tu fe en Él es lo que extinguirá el fuego o te ayudará a superarlo. ¿Se está gestando algún incendio que te gustaría apagar? Tu fe hará el trabajo.

Pablo nos instruye a que tomemos el escudo de la fe para apagar, o extinguir, los dardos de fuego del diablo. Lee hoy Efesios 6:10-20. Ponte tu armadura, Mujer Poderosa de Dios, y vence con Jesús.

Día treinta

¿QUÉ SIGNIFICA DE VERAS LA FE?

Que por fe conquistaron reinos, hicieron justicia, alcanzaron promesas, taparon bocas de leones, apagaron fuegos impetuosos, evitaron filo de espada, sacaron fuerzas de debilidad, se hicieron fuertes en batallas, pusieron en fuga ejércitos extranjeros.

Hebreos 11:33-34

El fanatismo de cierta teología de la fe ha intimidado a muchos cristianos respecto a los conceptos de la fe relacionados con las promesas de Dios. Sin embargo, la fe es una cuestión tan clave para el cristiano que a las personas de la iglesia primitiva solo se les llamó creyentes en reconocimiento de su gran fe. Una cosa que debemos hacer es entender las distinciones de la fe. La fe no puede alterar el propósito; solo actúa como agente para ayudar a cumplir el propósito predeterminado de Dios. Si el plan de Dios requiere que suframos cierta oposición para lograr su propósito, la fe se convierte en el vehículo que nos permite perseverar y liberarnos a través de la prueba. Por otro lado, el enemigo aflige al creyente en un intento de abortar el propósito de Dios. La fe es un vigilante nocturno enviado para proteger el propósito de Dios. Nos librará de la mano del enemigo, siendo el enemigo cualquier cosa que obstaculice el propósito de Dios en nuestras vidas.

El capítulo 11 de Hebreos analiza de manera extensa la definición de la fe. Luego muestra las obras de la fe en los versículos 32-35a y, por último, analiza la perseverancia de la fe en los versículos 35b-39. También hay distinciones de la fe. En Hebreos 11:32-35a, la enseñanza establece una serie de puntos en los que se hace hincapié en la fe distintiva que escapa del peligro y supera los obstáculos. El fundamento del cristianismo no se basa en mansiones de élite, acciones y bonos, autos deportivos y una vida de control de velocidad. Todas estas cosas son maravillosas si Dios decide bendecirte con ellas. Sin embargo, hacer de las finanzas el símbolo de la fe es absurdo. La Iglesia se construye sobre las espaldas de hombres y mujeres que soportaron las incomodidades por una causa. Estos héroes no fueron el fin, sino el medio para glorificar a Dios. Algunos de ellos manifestaron su fe a través de la sanidad de enfermos con solo su sombra. Otros más revelaron su fe desangrándose hasta morir bajo montones de piedras. También tenían un tipo de fe que parecía aliviar los efectos, aunque no alteraba el motivo.

PROPÓSITO ESENCIAL: La fe es un vigilante nocturno enviado para proteger el propósito de Dios. Nos librará de la mano del enemigo, siendo el enemigo cualquier cosa que obstaculice el propósito de Dios en nuestras vidas.

MOMENTO DE TRANSFORMACIÓN: Los discípulos eran amigos íntimos de Jesús, hombres de gran fe. Jesús les enseñó a no preocuparse por nada en esta tierra, sino a acumular tesoros en el cielo (Mateo 6:20, LBLA). La fe en Él no significó una vida fácil y libre de problemas ni de llegar a enriquecerse en lo económico. Significó que aprendieron a sanar enfermos, limpiar leprosos, resucitar muertos y expulsar demonios (lee Mateo 10:8). Recibieron poder y el Espíritu Santo (lee Hechos 1). Este es el camino de la fe. Te enfrentarás a la oposición, pero recibirás poder y propósito. Vencerás mediante la fe.

Dedica un tiempo hoy para reflexionar sobre el verdadero significado de la fe. Lee Hebreos 11 a fin de inspirarte con los poderosos testimonios de hombres y mujeres que transitaron antes que tú en este camino de la fe.

TODAS LAS BÚSQUEDAS SON INÚTILES COMPARADAS CON CONOCER A CRISTO

Con Cristo estoy juntamente crucificado, y ya no vivo yo, mas vive Cristo en mí; y lo que ahora vivo en la carne, lo vivo en la fe del Hijo de Dios, el cual me amó y se entregó a sí mismo por mí.

GÁLATAS 2:20

Hay momentos en nuestra vida en los que Dios nos llevará de un ámbito de fe a otro. Existen múltiples pruebas de fuego, pero gracias a Dios que para cada prueba hay una fe que nos capacita. Cristo es el Autor y Consumador de la fe (lee Hebreos 12:2). Él sabe qué tipo de calor poner sobre nosotros para producir la fe necesaria en la situación. Recuerda que cuando presentamos nuestros cuerpos como sacrificios vivos, Él es el Dios que responde con fuego. La buena noticia radica en el hecho de que cuando nuestra fe se derrumba bajo el peso de circunstancias increíbles, Él nos da su fe para seguir adelante. Pablo llegó al punto de valorar de veras la fe en Jesús por encima de todo:

> *Y ciertamente, aun estimo todas las cosas como pérdida por la excelencia del conocimiento de Cristo Jesús, mi Señor, por amor del cual lo he perdido todo, y lo tengo por basura, para ganar a Cristo, y ser hallado en él, no teniendo mi propia justicia, que es por la ley, sino la que es por la fe de Cristo, la justicia que es de Dios por la fe; a fin de conocerle, y el poder*

de su resurrección, y la participación de sus padecimientos,
llegando a ser semejante a él en su muerte (Filipenses 3:8-10).

A medida que el fuego de la persecución nos obliga a establecer niveles más profundos de compromiso, es muy importante que nuestra fe se renueve para igualar nuestro nivel de compromiso. Hay un lugar en Dios donde el fuego consume cualquier otro deseo que no sea el de conocer al Señor en el poder de su resurrección. En este nivel, todas las demás búsquedas se empañan y parecen sin valor en comparación. Quizá esto fuera lo que presionara a Pablo hacia ese lugar de entrega total. Sin duda, ese es el lugar al que me dirijo, que a menudo se me escapa de las manos, pero que nunca lo pierdo de vista. Como un niño de puntillas, busco un lugar demasiado alto para que se toque. Concluyo diciendo que mis manos están extendidas, ¡pero mis pies están en llamas!

PROPÓSITO ESENCIAL: Hay un lugar en Dios donde el fuego consume cualquier otro deseo que no sea el de conocer al Señor en el poder de su resurrección.

MOMENTO DE TRANSFORMACIÓN: Tal vez el nivel de fe de Pablo resuene por completo o tal vez se sienta muy fuera del alcance. Cuanto más persigas a Jesús, más descubrirás que las cosas de este mundo se vuelven cada vez menos importantes en comparación. Dondequiera que te encuentres en tu viaje de fe, hay un nivel más profundo. Jesús es el Autor y Consumador de tu fe, así que cuando necesites más fe, solo míralo a Él. Cuando te envíe fuego, recuerda que sus pies arden también.

¿Hay algo en este mundo que compita con tu deseo por Jesús? ¿Estás dispuesta a dejar que el fuego de Dios purifique tu corazón como el oro? Invita al Espíritu Santo a que te lleve a una fe más profunda.

DIOS CONOCE TU VERDADERO NOMBRE

Y el hombre dijo: Ya no será tu nombre Jacob, sino Israel, porque has luchado con Dios y con los hombres, y has prevalecido.

GÉNESIS 32:28 (LBLA)

Muchos de nosotros llegamos a conocer al Señor porque necesitamos con urgencia conocernos a nosotros mismos. Esto fue cierto para Jacob, uno de los grandes héroes de Dios. Fue un líder que cojeaba y al que se le concedió la gracia de llegar a saber quién era de manera personal. Jacob luchó con el único que puede dar respuestas duraderas a preguntas contundentes. ¡Luchó con Dios!

El nombre de Jacob quiere decir «suplantador» o «engañador», literalmente «estafador». Solo cuando sus artimañas le llevaron a un callejón sin salida, comenzó a luchar con Dios para obtener una respuesta. Entonces, se quedó solo con Dios. Cuando estamos solos con Dios, en el aislamiento de nuestra lucha interna, Dios comienza el proceso de transformar la desgracia en gracia. Lo único que hizo falta fue una cita a medianoche, y un encuentro con un Dios al que no podía «dejar escapar», para que la pierna de Jacob quedara coja y su puño terminara en una mano que se aferraba en oración. «No te soltaré si no me bendices», grita. Entonces, Dios le dice lo que de veras necesita saber, que Jacob no es quien cree ser. En realidad, es Israel, un príncipe. (Lee Génesis 32:24-30, LBLA). Imagínate lo impactante que sería eso. Durante su vida entera, mañana, tarde y noche, todos lo llamaron engañador. Jacob solo actuaba según lo que todos decían que era. Sin embargo, con la resolución de un hombre desesperado, agarró los cuernos del altar de la oración y oró hasta que el Padre le dio su verdadera identidad. Le dijo a Jacob: «*Ya no será tu nombre Jacob, sino Israel* [príncipe], *porque has luchado con Dios*» (lee Génesis 32:28, LBLA).

Amiga mía, cuando nosotros, al igual que Jacob, buscamos conocer a Dios, es inevitable que Él nos muestre nuestra verdadera identidad. Las mayores riquezas que Jacob recibió se les dieron mientras estaba solo con el Padre. En esencia, ¡el Padre le dijo su nombre! Si nadie más sabe quién eres, Dios lo sabe. Si oras, el Padre te dará un nombre.

PROPÓSITO ESENCIAL: Jacob luchó con el único que puede dar respuestas duraderas a preguntas contundentes. ¡Luchó con Dios!

MOMENTO DE TRANSFORMACIÓN: Para Jacob, entender y entrar en su verdadera identidad requirió una lucha con Dios a la medianoche. No sabía quién era de veras. Creía las mentiras que se decían sobre él acerca de ser un engañador. Se volvió manipulador y astuto, mintiéndole a su propio padre y robándole la primogenitura a su hermano. Tal vez tú hayas hecho algunas cosas de las que no estás orgullosa y te persiguen. Lo que sea que hayas creído sobre ti y lo que hayas hecho no cambian tu verdadera identidad. Dios quiere traerte de vuelta a quien Él te creó para que fueras, pero eso podría requerir algo de lucha a la medianoche.

Eres una hermosa hija de Dios. Pídele a Dios que te muestre los nombres que dice sobre ti. Estos nombres te traerán vida, esperanza y gozo, aunque te lleve algún tiempo creerlos.

TEN CUIDADO CON QUIÉN TE PONE UN NOMBRE, LAS PALABRAS TIENEN PODER

Entonces verán las naciones tu justicia,
y todos los reyes tu gloria, y te llamarán
con un nombre nuevo, que la boca del SEÑOR determinará.

ISAÍAS 62:2 (LBLA)

Mientras analizamos este tema de un nuevo nombre, quiero que entiendas que se trata de la identidad. Nacer de nuevo no es un cambio en tu certificado de nacimiento; es un cambio en tu corazón. Cuando estés en la presencia de Dios, Él eliminará el hedor de tu antiguo carácter y te dará uno nuevo. Es obra del Espíritu Santo. En este sentido, tenemos un cambio de nombre en lo que respecta a nuestro carácter. En la Biblia, los nombres eran casi siempre significativos a la hora del nacimiento. En otras ocasiones eran proféticos. Jesús significa «salvación»; nació para salvar a su pueblo de sus pecados. Moisés significa «sacado», relativo tanto al origen como a la profecía. En un principio, la hija del faraón lo sacó del agua, pero Dios lo llamó de manera profética para que sacara a su pueblo de Egipto.

Entonces, entiende que un nombre es importante. Dice algo sobre tu origen o tu destino. No quieres que cualquiera te ponga un nombre. María, la madre de Jesús, tuvo al bebé, pero el Padre envió el ángel para darle el nombre. Ella no pudo ponerle el nombre, pues no entendía por completo el destino de Él. No permitas que las personas que no comprenden tu destino te pongan el nombre.

Nadie debería querer que cualquiera profetice sobre ella sin saber si esa persona tiene razón o no. ¡Las palabras tienen poder! Muchos del pueblo de Dios caminan bajo el estigma del nombre de su vieja naturaleza. Ese lamentable sentimiento asociado con lo que otros te llamaron o pensaron de ti puede limitarte a medida que alcanzas la grandeza. Sin embargo, lo que importa no es lo que piensen los demás. Quieres estar segura, aunque te quedes sola y nadie lo sepa más que tú, de saber quién dice el Padre que eres. Conocer tu nuevo nombre es para tu propia edificación. Cuando el enemigo saque su lista y empiece a nombrar tu pasado, dile: «¿No lo has escuchado? ¡La persona que conocías murió! ¡No soy quien era y de seguro que no soy lo que hizo ella!».

🕊 **PROPÓSITO ESENCIAL:** Muchos del pueblo de Dios caminan bajo el estigma del nombre de su vieja naturaleza. Ese lamentable sentimiento asociado con lo que otros te llamaron o pensaron de ti puede limitarte a medida que alcanzas la grandeza.

🕊 **MOMENTO DE TRANSFORMACIÓN:** La gente llamaba a Jacob por su antiguo nombre. Eso afectó su carácter y sus acciones. Los que le rodeaban no veían lo que veía Dios ni reconocían el llamado en su vida. ¿La gente te ha etiquetado por tu vieja naturaleza? En sí, puede que no sea un nombre, sino más bien lo que han dicho sobre tu carácter o potencial. Quizá la gente ha dicho que no llegarás muy lejos en la vida o que tus sueños son demasiado grandes. Tal vez no hayan reconocido tu llamado. El enemigo también trabaja duro para convencernos de que fracasaremos o de que nuestro pasado nos impedirá el glorioso futuro que promete Dios. Por eso necesitas saber quién dice el Padre que eres.

En oración, desecha todo «nombre antiguo» y decide creer lo que dice Dios. Su propósito prevalecerá. Hija, eres quien Él dice que eres.

RECIBE LA IDENTIDAD DE TU PADRE CELESTIAL Y DE PADRES BUENOS

Aunque tuvieran ustedes miles de tutores en Cristo, padres sí que no tienen muchos, porque mediante el evangelio yo fui el padre que los engendró en Cristo Jesús.

1 Corintios 4:15 (NVI®)

Cuando sabemos lo que el Padre dice de nosotros, sabemos quiénes somos sin importar lo que digan los demás. En el frío río del Jordán, con barro entre los dedos de los pies, la voz del Padre fue la que declaró la identidad de Cristo. Su ministerio no podía comenzar hasta que el Padre le impusiera las manos avalándolo en medio de la multitud. Es muy importante que nosotros, como hijos e hijas, recibamos la bendición de nuestros padres espirituales. Conozco a innumerables predicadores que huyeron de sus hogares espirituales sin las bendiciones de sus padres y, aun después de muchos años, todavía están en confusión. Si Jesús necesitó la bendición de su Padre, ¿cuánto más la necesitamos tú y yo? No debemos tratar de avalarnos a nosotros mismos.

Crecí en una iglesia que tenía lo que llamábamos «madres de la iglesia». Estas santas ancianas oraban con fuego y nos corregían con el celo de un rayo. Gracias a Dios por las madres en la iglesia, ¿pero dónde están nuestros padres? Muchos hombres y mujeres jóvenes entran a la iglesia desesperados por hombres que hablen en sus vidas con el amor sincero de un padre. Es importante que tengan pastores que les impongan las manos y los afirmen devolviéndoles su identidad y autoestima. A los niños los crían sus madres, ¡pero reciben la identidad de sus padres!

Hemos criado a una generación de hombres y mujeres jóvenes que no pudieron encontrar a sus padres biológicos y ahora luchan con sus padres espirituales. Esto también puede afectar nuestra visión de Dios como Padre. Sin embargo, Dios cura todas las heridas. Permite que la mano de tu Padre celestial sane el abuso y la negligencia de tus padres terrenales. Dios es tan sabio que te dará un padre espiritual para llenar los vacíos en tu vida. ¡Confía en Él!

🕊 **PROPÓSITO ESENCIAL:** Si Jesús necesitó la bendición de su Padre, ¿cuánto más la necesitamos tú y yo? No debemos tratar de avalarnos a nosotros mismos.

🕊 **MOMENTO DE TRANSFORMACIÓN:** Tú, como hija de Dios, necesitas la bendición de tu Padre celestial, al igual que Jesús. Él es quien te define a ti y a tu identidad, llamado y propósito. Si no tuviste un buen padre biológico, tu corazón necesitará recuperarse de lo que te faltó. Dios quiere hacer un trabajo profundo en ti. Quiere que sepas que tu pasado no es tu futuro. Sea lo que sea por lo que hayas pasado, Él quiere llenar los vacíos y traer sanidad.

Si no has perdonado a tu padre terrenal por lo que no recibiste, dedica un tiempo para hacerlo hoy. Puede ser muy difícil, pero créeme, hay libertad al otro lado. Ora para que Dios traiga un padre espiritual a tu vida si aún no tienes uno. Confía en Él en esto.

ERES QUIEN TU PADRE DICE QUE ERES

Y aconteció que al salírsele el alma (pues murió), llamó su nombre Benoni; mas su padre lo llamó Benjamín.

GÉNESIS 35:18

Jacob, ahora Israel, tuvo muchos hijos saludables, pero un nacimiento está marcado por la tragedia. Raquel, el amor de su vida, se encuentra en las últimas etapas de su embarazo. Están en el desierto y se apresuran para llegar a su destino a tiempo, pero Raquel sufre contracciones desgarradoras. Da a luz un hijo; sin embargo, esta escena se ve empañada por la muerte que, revoloteando como un buitre, se arrastra sigilosamente alrededor de la cama. Justo antes de que la muerte se cobrara otra víctima, Raquel mira a su bebé y lo llama Benoni, que significa «hijo de mi tristeza». Luego, cierra los ojos y, como una bocanada de humo en la noche, se va.

Una llorosa partera sostiene al bebé, todo lo que queda de Raquel. Jacob descubre que su amada esposa ya no está y que su hijo nació. Sus emociones se revuelven como huevos en una sartén. Entonces, escucha el nombre, «Benoni, hijo de mi tristeza». Los ojos de Jacob se tornan hundidos. Quizá recuerde lo que un nombre erróneo puede hacerle a un niño. Sea cual sea la reflexión, habla con la sabiduría que solo nace de la experiencia personal. *«No se llamará Benoni, hijo de mi tristeza. Se llamará Benjamín, hijo de mi mano derecha. ¡Él es mi fuerza, no mi tristeza!»*, declara.

Adivina de quién fue el nombre que prevaleció, Benjamín; tú eres quien dice tu padre que eres.

¡Nadie conocía mejor que Jacob/Israel el poder de un cambio de nombre! Recuerda que fue en la presencia de su Padre donde descubrió que no era un embaucador, ¡sino un príncipe! Cuando crees en el nombre del pacto de Jesús, rompes la fuerza de cualquier otro nombre que se adhiera a tu identidad.

PROPÓSITO ESENCIAL: Cuando crees en el nombre del pacto de Jesús, rompes la fuerza de cualquier otro nombre que se adhiera a tu identidad.

MOMENTO DE TRANSFORMACIÓN: El Salmo 100 dice: «Él nos hizo, y no nosotros a nosotros mismos» (Salmo 100:3b). Si tienes problemas para saber quién eres, acude a Aquel que te creó en el vientre de tu madre. Si tenemos un problema con un electrodoméstico, siempre acudimos al manual de instrucciones. En nuestro caso es la Biblia. Cuando hay que reparar algo, acudimos al Fabricante. Él lo sabe todo sobre ti y conoce tu verdadero nombre. Él te llama preciosa.

En el nombre de Jesús, debes romper el hechizo de todo nombre que te pongan. Si tu Padre celestial no te dio ese nombre, no es el adecuado. Eres quien Él dice que eres. Descansa en la identidad que Él pone sobre ti.

SERVIMOS AL DIOS DE LAS SEGUNDAS OPORTUNIDADES

Por lo cual Dios también le exaltó hasta lo sumo, y le dio un nombre que es sobre todo nombre, para que en el nombre de Jesús se doble toda rodilla de los que están en los cielos, y en la tierra, y debajo de la tierra.

FILIPENSES 2:9-10

U n buen nombre es una posesión muy valiosa. A menudo es más lucrativo que la prosperidad económica. Si tu nombre se asocia con la riqueza, el ministerio, el escándalo, etc., pronto se convierte en sinónimo de lo que sea que se asocie con mayor frecuencia. El dilema en el que muchas personas se encuentran atrapadas puede expresarse así: «¿Cómo puedo revertir la imagen o el estigma que han colocado sobre mi nombre?». El nombre de algunas personas está dañado por fracasos y deslices del pasado. Otras luchan con las manchas de los rumores y la difamación vergonzosa y perjudicial del carácter.

Ya sea que adquirieras un nombre infame por ser víctima o villana, tengo buenas noticias. Si estás luchando con la maldición y el estigma de la opinión pública, si la gente te ha categorizado durante tanto tiempo que has aceptado el origen para tu profecía, todavía te tengo buenas noticias. No tienes que quedarte como estás. El Alfarero quiere recomponerte. ¿Crees que Dios es un Dios de segundas oportunidades? Si lo crees, quiero unir mi fe a la tuya, pues creo que Él da segundas oportunidades.

Esta buena noticia es que Dios cambia los nombres. A lo largo de las Escrituras, tomó a hombres como Abram, padre enaltecido, y transformó su imagen y carácter en Abraham, padre de una multitud. Un nombre es una expresión del carácter; no significa más que el carácter que tiene detrás. Hay un lugar en tu caminar con Dios, un lugar de discipulado, en el que Dios cambia radicalmente tu carácter. Con ese cambio, Él puede borrar el estigma de tu pasado y darte, por así decirlo, un nuevo nombre en tu comunidad, pero lo más importante, en tu corazón.

PROPÓSITO ESENCIAL: Hay un lugar en tu caminar con Dios, un lugar de discipulado, en el que Dios cambia radicalmente tu carácter.

MOMENTO DE TRANSFORMACIÓN: Durante los últimos días, hemos estado ocupados en la identidad y en tu nuevo nombre. Como mencioné, tu nombre tiene que ver con tu carácter e identidad, no necesariamente con un nombre literal. Si quieres cumplir tu propósito y recibir este nuevo nombre, tendrás que dejar que Dios transforme tu carácter. Entonces, tendrás que creer con fe todo lo que diga Dios, aunque no lo veas todavía. Hija, Él conoce tu futuro, así que puedes confiar en lo que dice de ti. Sus planes para nosotros son incluso mejores de lo que podemos pedir o imaginar (lee Efesios 3:20).

Te recomiendo que te arrodilles y luches con Él en oración hasta que puedas levantarte sabiendo lo que sabe Él. Levántate de la oración sabiendo quién eres de veras en el espíritu y en el Reino.

LA PALABRA DEL SEÑOR ESTÁ POR ENCIMA DE CUALQUIER OTRA PALABRA

He aquí nuestro Dios a quien servimos puede librarnos del horno de fuego ardiendo; y de tu mano, oh rey, nos librará. Y si no, sepas, oh rey, que no serviremos a tus dioses, ni tampoco adoraremos la estatua que has levantado.

DANIEL 3:17-18

Muchas de ustedes son como Ananías, Misael y Azarías. Si no los conoces, quizá los reconozcas por los nombres paganos que Nabucodonosor les puso: Sadrac, «Aku gobierna», Mesac, «nombre pagano» y Abed-nego, «siervo de Nego». Estos nombres expresaban adoración a los dioses paganos, según la definición del *Nelson's Bible Dictionary*. Sin embargo, sus nombres reales eran Ananías, «Jehová es misericordioso», Misael, «quién es como Dios», y Azarías, «Jehová ha ayudado». Cuando el malvado rey los arrojó al horno de fuego, ¡prevalecieron los nombres que les puso Dios!

No hay nada como los problemas para sacar a relucir tu verdadera identidad. ¿No te alegras de no estar limitada por la opinión pública? La opinión de Dios siempre prevalecerá. Esos tres hebreos salieron del horno sin rastro de humo. Ese viejo rey intentó cambiar el nombre del paquete, ¡pero no pudo cambiar el contenido del corazón! ¿Te imaginas a esos chicos gritando cuando salieron? Uno diría: «¿Quién es como Dios?». Otro levantaría las manos y diría: «¡Jehová es misericordioso!». El otro olería su ropa, tocaría su cabello y gritaría: «¡Jehová ha ayudado!».

Si has agonizado de rodillas, orando en el altar para conocer el propósito y la voluntad de Dios para tu vida, y su respuesta no se ajusta a tus circunstancias, ¡llámalo como Dios lo llama! El médico podría llamarlo cáncer, pero si Dios lo llama sanado, llámalo como Dios lo llama. La palabra del Señor a menudo se encuentra sola. No tiene abogado y no necesita testigos. Puede valerse por sus propios méritos. En lo que sea que Él diga, ¡estás tú!

PROPÓSITO ESENCIAL: La palabra del Señor a menudo se encuentra sola. No tiene abogado y no necesita testigos. Puede valerse por sus propios méritos. En lo que sea que Él diga, ¡estás tú!

MOMENTO DE TRANSFORMACIÓN: Si vas a luchar contra el desafío de esta época, sacude los nombres del enemigo y los insultos de tu hombro. Mira al enemigo a los ojos sin culpa ni timidez y declara:

«No vengo vestida con la ropa de mi pasado. Tampoco usaré las opiniones de este mundo para mi defensa. No, soy mucho más sabia por las cosas que he sufrido. Por eso vengo en el nombre de mi Padre. Él unge mi cabeza, atiende mis temores y me enseña quién soy. Estoy cubierta por su unción, consolada por su presencia y guardada por su favorable gracia. Hoy, como nunca antes, me mantengo en la identidad que me da Él y renuncio a todo recuerdo de quién fui ayer. Me llamaron para un momento como este, ¡y vengo en el nombre de mi Padre!».

LA NECESIDAD ES EL COMBUSTIBLE QUE GENERA LA ATRACCIÓN

Así el hombre fue poniéndoles nombre a todos los animales domésticos, a todas las aves del cielo y a todos los animales del campo. Sin embargo, no se encontró entre ellos la ayuda adecuada para el hombre.

GÉNESIS 2:20 (NVI®)

A medida que nos transformamos y buscamos un propósito, debemos examinar las atracciones y las relaciones. Las atracciones son alicientes que pueden basarse en recuerdos, experiencias pasadas y asociaciones tempranas. Por lo tanto, es muy difícil explicar los sentimientos extremadamente sensibles y frágiles que nos atraen. Basta con decir que las necesidades internas nos atraen de manera instintiva. Esa atracción puede basarse en la necesidad de estar con alguien que pensamos que es atractivo, lo que crea en nosotros cierta confirmación de nuestro propio mérito, o la atracción puede basarse en un valor más profundo y menos físico. De cualquier manera, la necesidad es el combustible que genera la atracción. Las opiniones sobre qué características son atractivas varían de una persona a otra.

Para muchas personas, las atracciones pueden ser tan mortales como una red para un pez. Al parecer, no pueden ver que la red es una trampa hasta que es demasiado tarde. Luchan por escapar, pero cuanto más luchan, más se enredan. Al igual que los adictos a las drogas, hacen promesas que no pueden cumplir, intentando alejarse de algo que las tiene atrapadas como un tornillo de banco. La clave es no luchar con la cosa o la persona. La liberación viene de adentro y no de afuera. Dios es demasiado sabio como para poner tu liberación en manos de alguien o algo que quizá no tenga ninguna compasión por ti. La victoria se gana dentro del campo de batalla de tu mente, y sus recuerdos y necesidades.

Mis hijos tienen un auto de juguete con control remoto. Hay un pequeño aparato dentro del auto que se controla con ese mando a distancia. Si quitamos el aparato interno, el control remoto no funciona. Lo mismo ocurre con las atracciones. Evolucionan y nos manipulan solo porque hay algún aparato interno que nos hace vulnerables a ellas. Si la persona, el lugar o la cosa equivocados dominan nuestro control remoto, estamos en problemas. Es posible que no podamos evitar que la persona juegue con los botones, pero podemos eliminar el aparato interno.

PROPÓSITO ESENCIAL: La victoria se gana dentro del campo de batalla de tu mente, y sus recuerdos y necesidades.

MOMENTO DE TRANSFORMACIÓN: La tarea que ya realizamos sobre la identidad te ayudará a tener atracciones saludables. Cuanto más sana y completa estés, más Dios satisfará tus necesidades. Si estás luchando con atracciones que te atrapan en relaciones poco saludables (románticas o de otro tipo), es hora de liberarte. Es hora de recuperar el control remoto. Recuerda, tu liberación viene de Dios, no de otra persona. Él te hace completa. Él trae la victoria en el campo de batalla de tu mente.

Invita al Espíritu Santo a que te muestre las relaciones en las que entran en juego dinámicas poco saludables. Cada situación es única, por lo que no hay una respuesta adecuada. Si este es un problema serio para ti, te recomiendo que te reúnas con una mentora o consejera para profundizar en la sanidad y recibir más libertad en este aspecto.

ELIGE PACTOS JUSTOS

No os unáis en yugo desigual con los incrédulos; porque ¿qué compañerismo tiene la justicia con la injusticia? ¿Y qué comunión la luz con las tinieblas?

2 Corintios 6:14

Somos sociales por naturaleza; tenemos una gran necesidad de comunidad y de relaciones. Sin embargo, en todo aquello con lo que nos relacionamos, nos vemos reflejados también. Es importante que no pactemos con alguien o algo con lo que no estemos relacionados en realidad. De ahí que se nos prohíba buscar la intimidad, que es una necesidad legítima, de una fuente inapropiada. Esta es una ley biológica que rige el orden biológico. Lo que se introdujo a la sombra de la teología del Antiguo Testamento como una ley biológica, se magnifica en el Nuevo Testamento como una realidad espiritual. En el Antiguo Testamento, cada criatura tenía el mandato de vincularse con su propia especie. En el Nuevo Testamento, al creyente se le ordena no buscar compañía fuera de la santidad de la Iglesia. ¿Por qué? La Iglesia es una especie separada de cualquier otra, una especie de la cual Cristo es el primogénito.

A los creyentes también se nos dice en 2 Corintios 6:14 que no nos unamos en yugo desigual con los incrédulos. Somos personas nacidas dos veces; nacemos y luego nacemos de nuevo. Ahora bien, no es ilegal desde el punto de vista biológico que nos unamos a los incrédulos; es ilegal en lo espiritual. A los ojos de Dios, unirnos a los incrédulos es necrofilia espiritual: ¡tener relaciones íntimas con los muertos! Por lo tanto, ser desobediente de manera deliberada y elegir un compañero que sabes que está muerto en los delitos del pecado es estar involucrada en la necrofilia espiritual. Invariablemente, si infringes una ley, cosechas una consecuencia.

No me refiero a los que, siendo todavía pecadores, se casaron con otro pecador y luego se convirtieron. (En ese punto, es difícil para tu pareja cerrar la brecha, debido a que no puede *relacionarse* por completo con lo que has llegado a ser). No, me preocupan los corazones preciosos que se sienten atraídos por otros que no han tenido la experiencia del nuevo nacimiento. La persona que elige voluntariamente ignorar las señales de alto de Dios está destinada a experimentar la adversidad. El camino del transgresor es duro; no es imposible, pero sí bastante difícil. El camino de Dios es el mejor. ¡No es su voluntad que los vivos se casen con los muertos!

PROPÓSITO ESENCIAL: La persona que elige voluntariamente ignorar las señales de alto de Dios está destinada a experimentar la adversidad.

MOMENTO DE TRANSFORMACIÓN: En primer lugar, si ya estás casada con un incrédulo, cualesquiera que sean las circunstancias, no tomes esto como una condenación. Hay libertad en Cristo sin importar lo que hayamos atravesado. Tu propósito en Dios sigue en pie. ¡Todo lo que hemos cubierto hasta ahora es para ti también! Sigue orando por tu esposo. Sé que tus oraciones están impactando su vida, ya sea que lo veas o no.

Ahora bien, para las mujeres que todavía están solteras, tomen estas palabras muy en serio. Las relaciones sexuales unen a los dos. Ten mucho cuidado con lo que permites que se convierta en uno contigo. ¡No hagas un pacto con un hombre que no ha nacido de nuevo! Dios tiene lo mejor para ti cuando sigues sus mandamientos y su dirección. ¡No ignores sus señales de alto!

Día cuarenta

EL PECADO ES LA SEPARACIÓN DE TU CREADOR

Y él os dio vida a vosotros, cuando estabais muertos en vuestros delitos y pecados.

Efesios 2:1

Así como la muerte física es la separación del espíritu y del cuerpo, la muerte espiritual, el estado en el que se encuentran los pecadores, es el espíritu de la mujer o del hombre separado de la relación con su Creador. Como Adán, se esconde en los arbustos del pecado y se cubre con las hojas de higuera de las excusas. Este versículo en Efesios se refiere al hecho de que el pecado es en sí mismo un tipo de muerte del espíritu. En las Escrituras, la muerte no significa el cese de la vida. Es evidente que significa la separación. Cuando una persona muere físicamente, no es el fin de su vida; solo es la separación del cuerpo del espíritu. Por eso Santiago escribió: «Así también la fe, si no tiene obras, es muerta en sí misma» (Santiago 2:17). ¡El Libro de Apocalipsis también se refiere a la condenación eterna como la muerte segunda! (Lee Apocalipsis 21:8). Se le llama la muerte segunda no porque la existencia o la conciencia termine, sino porque declara la separación eterna de Dios. Es el paso final del pecado. El pecado es la separación de la relación con Dios, ¡pero la muerte segunda es la separación de la presencia de Dios!

Este concepto me recuerda las escalofriantes películas de terror que veíamos de niños. Mediante una desgarradora tenacidad autoinfligida, un cadáver se exhumaba a sí mismo de la tumba.

Estos zombis caminaban por la tierra con las manos extendidas, siempre buscando, pero nunca descansando, dejando un rastro de víctimas detrás. Eso es bastante macabro, pero se trata de una descripción precisa de lo que es el pecado: ¡«Los muertos vivientes»! Si eres una persona vacía y con el corazón roto que anda siempre buscando cosas, simples muestras de éxito, tengo una palabra de Dios para ti. Él dice: «*Yo he venido para que* [ustedes] *tengan vida*». (Juan 10:10b). ¡Acéptalo hoy! ¡Despierta de la pesadilla de «Los muertos vivientes» y conviértete en un testimonio vivo y amoroso de la autenticidad del poder de Dios!

Cuando estás en pecado, buscas cualquier cosa que adormezca el dolor y te ayude a olvidar por unos minutos que te falta algo. Eso no da resultado. Lo que te falta es Dios, una verdadera relación con Él. Si te falta Él, puedes reconciliarte con Dios en este mismo momento y recibir la vida abundante.

PROPÓSITO ESENCIAL: El pecado es la separación de la relación con Dios, ¡pero la muerte segunda es la separación de la presencia de Dios!

MOMENTO DE TRANSFORMACIÓN: La Biblia declara que estabas muerta en tus delitos de pecado (ver Efesios 2:1). Enseña que todos estábamos separados de Dios a causa del pecado. Sin embargo, Dios ha reconciliado a su pueblo consigo mismo. Gálatas 5:1 agrega esto: «Estad, pues, firmes en la libertad con que Cristo nos hizo libres, y no estéis otra vez sujetos al yugo de esclavitud». Los días anteriores terminaron y llegó el cambio decisivo. Es hora de caminar en la libertad que Cristo compró para ti.

Durante los próximos días, analizaremos este tema de la libertad del pecado y del pasado. No importa cuáles sean tus circunstancias, Jesús pagó por la libertad total. Amada, no te conformes con menos.

Día cuarenta y uno

¿ROMPER UNA PIEDRA? ¡DEBERÍA PENSAR QUE NO!

Hermanos, yo mismo no pretendo haberlo alcanzado ya; pero una cosa sí hago: me olvido ciertamente de lo que ha quedado atrás, y me extiendo hacia lo que está adelante.

Filipenses 3:13, rvc

Reflexionemos sobre este concepto central de evitar el contacto íntimo con cosas muertas. Piensa en alguien que perdió a un ser querido, alguien con quien una vez estuvo conectado e involucrado. Ahora, está muerto el ser amado. ¿Quién puede cambiar lo que se hizo? Terminó. Qué impensable sería para una desconsolada viuda pasar una última noche tratando de mover esos brazos helados en un abrazo. Sin importar de lo que fuera la relación en un momento dado, de seguro que reconocería que la muerte cambia la realidad, no el recuerdo, pero sí la realidad. ¿Quién pasaría por delante de un ataúd en una funeraria y le guiñaría un ojo a un cadáver? ¡La sola idea oscila entre lo repugnante y lo cómico! ¿Qué tipo de mente no podría comprender que se trata de un comportamiento inapropiado para los seres humanos inteligentes?

Si toda esta idea es tan terrible, y lo es, ¿por qué las cristianas nacidas de nuevo que han sido vivificadas por el poder de Dios, vuelven a su propio pasado y hurgan en el cementerio de circunstancias que Dios dice que están muertas y terminadas? ¿Por qué seguir abrazando lo que debe estar enterrado? Sin importar de lo vivo que fuera el evento en su momento, cuando Dios dice que está muerto, ¡está muerto! Qué extraño debe ser en el mundo de los espíritus que tú, un alma viva, estés involucrada en un asunto muerto al que aún no has renunciado. Hay un espíritu de necrofilia que corroe los corazones de muchas cristianas. No es literal, sino espiritual. Muchas cristianas maravillosas y bien intencionadas alaban, adoran y van a la iglesia, pero en la quietud de la noche, cuando no hay nadie a su alrededor, se acuestan en la cama en la privacidad de sus hogares, sacan la culpa, las cicatrices y los recuerdos, y juegan con los muertos. Si está muerto, y lo está, ¡entiérralo!

Es posible que algunas cosas nunca se resuelvan, pero todo lo que no se cure se debe abandonar. En realidad, abandonarlo es olvidarlo. ¡No puedes vivir abrazada a algo que Dios dice que debes dar por muerto! ¡No cedas tu cuerpo, tu tiempo ni tus fuerzas a ese amante fantasma! Dile a ese viejo cadáver: «¡No puedes tocar esto!».

PROPÓSITO ESENCIAL: Sin importar de lo vivo que fuera el evento en su momento, cuando Dios dice que está muerto, ¡está muerto!

MOMENTO DE TRANSFORMACIÓN: ¡Digo que es hora de admitirlo, dejarlo y olvidarlo! Eso es todo lo que puedes hacer con el pasado, a pesar de lo que fuera o, incluso, de quién tuviera la culpa. Olvidar el pasado significa que liberas el dolor del recuerdo. No puedes seguir viviendo en el pasado ni llenarte de él. Está muerto y terminado; rompe con el contacto íntimo que tendría en tu vida. Hay que romper el vínculo que te mantiene atada al pasado.

Dedica hoy un tiempo a la oración para invitar al Espíritu Santo a que entierre lo muerto. Me pongo de acuerdo contigo para que ahora mismo, en el nombre de Jesús, se rompan por el poder de Dios esos inquietantes asuntos sin resolver que te siguen reteniendo en la noche y que te afectan en la luz.

RECIBE TU LIBERTAD AQUÍ Y AHORA

Así también vosotros consideraos muertos al pecado, pero vivos para Dios en Cristo Jesús, Señor nuestro. No reine, pues, el pecado en vuestro cuerpo mortal, de modo que lo obedezcáis en sus concupiscencias; ni tampoco presentéis vuestros miembros al pecado como instrumentos de iniquidad, sino presentaos vosotros mismos a Dios como vivos de entre los muertos, y vuestros miembros a Dios como instrumentos de justicia.

ROMANOS 6:11-13

Gracias a Dios por el testimonio transparente del apóstol Pablo cuando confesó que todos sus viejos problemas no se habían resuelto aún. Hubo momentos en los que se sentía dividido entre lo que quería ser y lo que solía ser. Gracias a Dios por un testimonio sincero. Siempre contamos cómo salimos, ¡pero no decimos nada de cómo lo pasamos! Pablo, sin embargo, no le temía a ese espíritu farisaico que hace que se juzguen a los hombres culpables. Solo lo dijo con claridad: «Estoy luchando con un viejo fantasma del que quiero liberarme». Gracias, Pablo, de parte de todos los que aspiramos a ser grandes hombres y mujeres que pensamos que no habría lucha. Gracias por advertirnos (no, consolarnos) con la sinceridad de tus agravios humanos.

En la época de Pablo, había un castigo espantoso y grotesco por asesinato: el cuerpo de la víctima asesinada se ataba al asesino. Dondequiera que fuera el asesino, también iba el cadáver, pues estaba unido a él. No podía olvidar a su víctima. El penetrante olor de la carne descompuesta y corrompida apestaba con el hedor de la podredumbre, contaminando todos los momentos de la vida con el siempre presente aroma del deterioro. ¿Qué podríamos disfrutar en la vida con esta carne colgando como centinela del pasado? Así es con exactitud que se sentía Pablo con respecto a la vieja naturaleza que seguía presionando tan de cerca su existencia: rozándole, tocándole, recordándole a cada momento cosas que no podía cambiar ni erradicar.

A la larga, esa carne muerta y blanda le pasaría al asesino castigado sus hongos y enfermedades hasta morir por esta unión con el muerto. Qué manera tan agonizante y repugnante de morir. Cuando el apóstol se dio cuenta de que su unión con el pasado estaba afectando su presente, gritó: «¡*Miserable de mí! ¿quién me librará de este cuerpo de muerte?*». Ese «quién» que resonó por los cielos, buscó entre los ángeles y no encontró a nadie digno de responder al llamado. Ese «quién» se buscó en el inframundo y no se encontró a nadie. Se buscó en la tierra (pasado, presente y futuro), y encontró un Cordero sangrando y una tumba vacía. Entonces, los ángeles clamaron: «¡Digno es el Cordero! Él es muy digno. ¡Deja que te desate de esta maldición y que te sane!».

PROPÓSITO ESENCIAL: Cuando el apóstol se dio cuenta de que su unión con el pasado estaba afectando su presente, gritó: «¡*Miserable de mí! ¿quién me librará de este cuerpo de muerte?*».

MOMENTO DE TRANSFORMACIÓN: No puedes vivir con esas cosas muertas colgando y aferrándose a ti mejor que Pablo. Permite que el poder transformador de Dios recorra tu vida y corte el cordón entre tu pasado y tú. Hagas lo que hagas, recuerda deshacerte del cuerpo viejo. Si el pasado se acabó, no hay necesidad de que andes con momias en tu espalda o, debería decir, ¡en tu mente! Este es el momento de un epitafio, no de un resurgimiento. Hay algunas cosas en la vida que querrás revivir, pero esta no. El pasado es algo que quieres que muera.

Jesús es el Único digno. Él puede desatarte del pasado y liberarte. Invítalo a cada lugar doloroso que todavía se aferra como ese cadáver. Recibe tu libertad aquí y ahora.

¡DESPÍDETE DE TUS VIEJOS FANTASMAS!

Echó en el mar los carros de Faraón y su ejército; y sus capitanes
escogidos fueron hundidos en el Mar Rojo. Los abismos los
cubrieron; descendieron a las profundidades como piedra.

Éxodo 15:4-5

Hay algunas cosas que a uno le gustaría que se apartaran muy lejos. Hay cosas que me gustaría dejar descansar de una manera tan definida que se convirtieran en simples soplos de niebla que rozan levemente los recovecos de la mente: ¡desaparecieron, se acabaron, terminaron! Se trata de esos asuntos tan dolorosos, fantasmales y difuntos de los que escribí en estos últimos días. Supongamos que tomamos como ataúd las verdades analizadas hasta ahora, que arrojamos todas nuestras preocupaciones en el ámbito de la Palabra de Dios, y que enterramos todo lo que nos impedía sanarnos y ser completos. No se debe jugar con estos asesinos fantasmas; ¡hay que sepultarlos! Este funeral, amiga mía, no es para ellos; eres tú la que debe saber que se acabó. Anota este día como un registro de que fue el día en que dejaste a tus compañeros de juegos nocturnos y pasaste a la vida abundante. Reúne a todos esos fantasmas malvados que profanan la santidad de lo que Dios haría en tu vida. Examínalos. Llora si es necesario; grita si hace falta; pero cuando termine el servicio, entierra cada incidente en la tierra recién removida de esta palabra de Dios. Entiende que Dios te libró de jugar con cosas muertas.

A la luz de todo lo que has sobrevivido, es hora de que la presencia de Dios te rodee en un cálido abrazo y que la gracia del entendimiento roce tus labios con el beso de la paz en la noche. Necesitas ser como Jesús, que dejó caer su cabeza entre los mechones sobre sus hombros y dijo: «¡Consumado es!» (Lee Juan 19:30). Es hora de que se le diga esa clase de bendición a tu vida. Permite que el Dios de toda gracia te dé los derechos finales que exorcicen para siempre a los muertos de su lugar secreto de contacto íntimo contigo. Tú tienes el poder. Si terminaste con el lugar donde estabas y estás lista para el lugar al que estás a punto de partir, dale un beso de buenas noches a tus viejos fantasmas. No, mejor aún, dales un beso de despedida. Su agarre se rompió y ya no los verás más.

PROPÓSITO ESENCIAL: Supongamos que tomamos como ataúd las verdades analizadas hasta ahora, que arrojamos todas nuestras preocupaciones en el ámbito de la Palabra de Dios, y que enterramos todo lo que nos impedía sanarnos y ser completos.

MOMENTO DE TRANSFORMACIÓN: Cuando los israelitas salieron de Egipto, los persiguieron sus fuertes y feroces enemigos. Mientras corrían, es probable que sus corazones latieran con fuerza. Cuando llegaron a ese momento del Mar Rojo, pensaron de veras que estaban a punto de morir (lee Éxodo 14:11). No veían forma de escapar. A veces, nuestro pasado nos persigue como esos soldados, haciéndonos creer que la libertad es imposible. Eso no es cierto. Así como Dios dividió las embravecidas aguas, Él tiene un camino preparado para ti. Camina hacia el otro lado y deja que tus enemigos se ahoguen y mueran en esas aguas.

¿Por qué no escribes en pequeños pedazos de papel algunos de esos problemas que te frenan? Imagina el ataúd de la verdad y arroja cada uno dentro. Tal vez quieras destrozarlos o tirarlos por el desagüe. Hagas lo que hagas, ¡no los vuelvas a recoger!

¡TIENES EL PODER (SOBRE TU MENTE)!

Porque un momento será su ira, pero su favor dura toda la vida.
Por la noche durará el lloro, y a la mañana vendrá la alegría.

SALMO 30:5

Dado que hemos logrado destruir nuestras relaciones con el pasado, ocupémonos de todos esos efectos secundarios que resultaron de nuestras infidelidades anteriores. No se puede permitir que existan en nosotros esos vástagos de otra época en la que éramos menos maduros en lo espiritual. Por ejemplo, los celos son hijos de la baja autoestima. Luego, siempre hay un pequeño suicidio envuelto en una manta que se esconde en las sombras, nacido en el corazón de una persona que ha estado acostada en la cama con desesperación o culpa. Después están las personas que mienten como de costumbre debido a que la fantasía parece más emocionante que la realidad. La promiscuidad, hija de una necesidad retorcida, tiene un apetito insaciable como el de la codicia, que devora a todo el que puede tocar. Por todo esto, lloras durante la noche. David, en cambio, dijo que si pudiéramos resistir, la alegría vendría por la mañana (lee el Salmo 30:5).

Deja que la boca hambrienta del vástago del fracaso se encuentre con el pecho seco de la cristiana que decidió superar el pasado. Permite que la alegría de la luz de la mañana aleje a cualquier pareja, maldición o temor no deseados que te impida alcanzar tu objetivo. A fin de que estos embriones de destrucción sobrevivan, se les debe alimentar. Se alimentan de los miedos y las inseguridades de personas que no han declarado su libertad. El padre está muerto; lo enterraste, pero si no lo destruyes, el residuo de los primeros traumas se unirá a tus éxitos, y abortará tus misiones y metas. Se nutre de tu vida mental, alimentándose de tus luchas internas y de tus inhibiciones.

Una vez que te das cuenta de que eres la fuente de la que extrae su leche, recuperas el control. ¡Pon a ese bebé en ayuno! ¡Alimenta lo que quieras que viva y deja morir de hambre a lo que quieras que muera! Todo lo que te niegues a alimentar acabará muriendo. Literalmente, podrías matar de hambre y deshidratar a esos miedos de la infancia que lloran y gritan de modo que se transformen en silencio, seguridad y encuentros exitosos. Es tu leche, ¡es tu mente! ¿Por qué no pensar de manera positiva hasta que cada cosa negativa que se debe a problemas muertos se vuelva azul y libere su control sobre tu hogar y tu destino? ¡Tienes el poder!

PROPÓSITO ESENCIAL: El padre está muerto; lo enterraste, pero si no lo destruyes, el residuo de los primeros traumas se unirá a tus éxitos, y abortará tus misiones y metas.

MOMENTO DE TRANSFORMACIÓN: En la última sección, nos dimos a la tarea de poner el pasado a descansar, pero puede haber una progenie nacida en nosotros de nuestras relaciones con el pasado. Hay que buscarla y destruirla. Las mentalidades negativas persistentes que provienen de traumas pasados no te ayudarán a cumplir tu propósito en Dios. Al igual que una sanguijuela, siempre están chupando la vida, la emoción y la exuberancia de los momentos preciosos. Pablo enseña que debemos llevar cautivo todo pensamiento (lee 2 Corintios 10:5). Se trata de tu mente, amada. Tú puedes elegir lo que vive allí.

¿Hay pensamientos o emociones preocupantes que surgen una y otra vez en tu vida? ¿Hay asuntos específicos que se sienten como sanguijuelas que te roban la alegría? ¡Dedica un tiempo para enumerarlos y elige matarlos de hambre!

PIENSA EN ESTAS COSAS

No se inquieten por nada; más bien, en toda ocasión, con oración y ruego, presenten sus peticiones a Dios y denle gracias. Y la paz de Dios, que sobrepasa todo entendimiento, cuidará sus corazones y sus pensamientos en Cristo Jesús. Por último, hermanos, consideren bien todo lo verdadero, todo lo respetable, todo lo justo, todo lo puro, todo lo amable, todo lo digno de admiración, en fin, todo lo que sea excelente o merezca elogio.

Filipenses 4:6-8 (nvi®)

E n este resumen final de la sabiduría paulina hay un maravilloso motivo de reflexión. Vemos que la oración produce la descendencia de la paz. No se trata de una paz cualquiera, sino de la paz de Dios que vigila los espíritus y corazones de las personas como un centinela nocturno que nos evita la histeria en una crisis. El apóstol Pablo llegó a un *crescendo* teológico en el versículo 8 cuando comenzó a enseñar la modificación del pensamiento con instrucciones específicas sobre lo que hay que pensar.

Las personas que están llenas de excelencia logran esa excelencia por los pensamientos que tienen sobre sí mismas y sobre el mundo que les rodea. Los pensamientos son poderosos. Alimentan las semillas de la grandeza que están en el vientre de nuestras mentes. También pueden alimentar las inseguridades negativas que nos limitan y nos eximen de la grandeza. Hay una virtud que proviene de pensamientos tranquilos y pacíficos que construyen un carácter positivo en el corazón. Por regla general, las personas cínicas y viciosas tienden a fracasar. Si tienen éxito, no lo sienten de veras, pues su cinismo les roba el dulce sabor de la recompensa.

Los pensamientos son secretos que se esconden detrás de sonrisas rápidas y fachadas profesionales. Son un mundo privado que otros no pueden invadir. Ninguno de nosotros se sentiría cómodo si cada uno de nuestros pensamientos se reprodujera en voz alta para que lo escuchara todo el mundo. Sin embargo, nuestros pensamientos pueden pronosticar con precisión el éxito o el fracaso que se avecinan. Nadie puede escuchar los pensamientos de Dios, pero podemos sentir los efectos de sus pensamientos hacia nosotros. Como brotes que surgen de la tierra enriquecida, nuestras palabras y nuestras acciones atraviesan a la larga los campos fertilizados de nuestros pensamientos más íntimos. Al igual que nuestro Creador, influimos de manera profunda en los demás por nuestros pensamientos hacia ellos.

PROPÓSITO ESENCIAL: Los pensamientos son poderosos. Alimentan las semillas de la grandeza que están en el vientre de nuestras mentes.

MOMENTO DE TRANSFORMACIÓN: Este versículo de Filipenses es increíblemente significativo. Todos necesitamos la paz que sobrepasa el entendimiento en lugar de los pensamientos que se arremolinan y que nos alejan de la grandeza. Ayer confeccionaste una lista de pensamientos y emociones que siguen apareciendo y robando tu alegría. Puede parecer que no tienes control sobre tus pensamientos, pero lo cierto es que lo tienes en verdad. Solo hace falta intencionalidad y práctica.

¿Cómo sería para ti cambiar tu forma de pensar? ¿Qué pasaría si cada vez que surgiera uno de esos pensamientos molestos cambiaras de intenciones y pensaras en algo justo, puro, amable o de buena reputación? Pruébalo a partir de hoy. Cuanto más lo hagas, más fácil te resultará.

DERRIBA LAS FORTALEZAS EN TU MENTE

Porque las armas de nuestra milicia no son carnales,
sino poderosas en Dios para la destrucción de fortalezas,
derribando argumentos y toda altivez que se levanta contra
el conocimiento de Dios, y llevando cautivo todo pensamiento
a la obediencia a Cristo.

2 Corintios 10:4-5

En mis primeros años de ministerio, tuve un encuentro desgarrador. Conocí a un grupo de niños que eran discapacitados de manera física o mental. Sus anomalías se debieron a que sus padres eran parientes. ¡Esos niños fueron el resultado de afectos desmedidos y relaciones incestuosas! Esta difícil situación es innecesaria; podría haberse evitado. Lo mismo sucede con los hijos de la mente. ¡No tienes que dejar una generación de problemas muy deformada que engendre más problemas! ¡Dios te ha dado poder sobre el enemigo! Él te ha dado el poder de abortar las semillas del fracaso. El aborto es un término fuerte, pero eficaz en este caso. Por supuesto, no estoy hablando de abortar a los bebés biológicos, lo cual está mal. Me refiero a abortar a todos los bebés psicológicos que crecen en el vientre de nuestras mentes.

Estos pensamientos, heridas y rarezas emocionales se exaltan a sí mismos. Se imponen como un dios en tu vida. Se esfuerzan por controlarte o manipularte. Esta progenie de los días menores quiere coronarse como indicadores de tu destino. ¿Cómo puedes permitirte someter tu futuro a la discreción de tu pasado? Derriba las fortalezas. Elimina las cosas que se han apoderado de tu vida. Si no las derribas, se negarán a ceder su control. Se necesitará un acto de tu voluntad y el poder de Dios para impedir que el no nacido espiritual se manifieste en tu vida. Dios no lo hará sin ti, sino que lo hará a través de ti.

La mayor libertad que tienes es la de cambiar de opinión. En lo más recóndito de tu mente puede haber algún anticristo que desee mantenerte conectado con lo que abandonaste. ¡Échalo fuera!

PROPÓSITO ESENCIAL: La mayor libertad que tienes es la de cambiar de opinión.

MOMENTO DE TRANSFORMACIÓN: La Biblia dice que hay que arrepentirse. El arrepentimiento es cuando la mente decide organizar un motín y derrocar al gobierno que la controlaba en el pasado. Mientras estas otras cosas reinen en tu vida, el asiento de Cristo está ocupado, pues esos pensamientos y sentimientos del pasado están sentados en el trono. Si están en el trono, Cristo está en la cruz. Pon a Cristo en el trono y tu pasado en la cruz. Él murió por tu libertad.

Dedica un tiempo para sentarte con el Señor y arrepentirte de cualquier cosa que esté ocupando un lugar en el trono de tu mente. Pídele que te ayude a derribar todas las fortalezas y a cambiar de opinión. Recuerda hija, ¡es tu mente y tienes el poder!

LEVANTA TUS SANTAS Y CALLOSAS MANOS EN ALABANZA

Así que, ofrezcamos siempre a Dios, por medio de él, sacrificio de alabanza, es decir, fruto de labios que confiesan su nombre.

HEBREOS 13:15

En los momentos especiales en que los corazones agradecidos y las manos levantadas en alabanza llegan a niveles corporativos de expresión con recuerdos de lo que podría haber sucedido si Dios no hubiera intervenido, encontramos nuestro verdadero ministerio. Por encima de todos los títulos y profesiones, todo cristiano está llamado a ser un adorador. Somos un real sacerdocio que podría haberse extinguido si la misericordia del Señor no hubiera detenido los malvados horrores del enemigo. Las manos encallecidas se levantan en señal de alabanza, manos que cuentan una historia de lucha, ya sea espiritual o natural. Esas manos santas que levantamos al Señor son manos de personas que, como Jonás, han vivido un infierno personal. ¿Quién podría agradecer mejor al Señor que los oprimidos que se liberaron por el poder de un Dios amoroso cuyo amor está templado con la capacidad necesaria para provocar el cambio?

Si somos un sacerdocio, y lo somos, necesitamos una ofrenda. Hay muchas ofrendas del Nuevo Testamento que podemos ofrecerle al Señor. Como una introducción al oficio de sacerdote, ¡ofrecimos nuestros problemas muertos a un Cristo vivo que vivificó el dolor y lo convirtió en poder! La intensidad de nuestra alabanza nace de la frescura constante de nuestros recuerdos, no tanto de nuestro pasado, sino de su misericordia hacia nosotros. Entonces, la cuestión no es si recordamos, sino cómo elegimos recordar lo que hemos pasado. Él es capaz de quitarle el aguijón a la memoria y, aun así, dejar intacto el dulce sabor de la victoria. Cuando eso sucede, nuestras luchas nos enriquecen, no nos limitan.

¡Ay del sacerdote que trata de tener una nueva experiencia de adoración mientras revive constantemente los asuntos muertos del pasado! En ese caso, los recuerdos se convierten en un obstáculo alrededor de tu cuello. Levanta la cabeza y sé bendecida en la presencia del Señor. Nada es tan importante como ministrar al Señor. ¿Qué importaría que todas las voces de la tierra prorrumpieran armoniosamente en elogios de aprecio felicitándote por tus contribuciones, si Dios no estuviera de acuerdo?

PROPÓSITO ESENCIAL: Por encima de todos los títulos y profesiones, todo cristiano está llamado a ser un adorador.

MOMENTO DE TRANSFORMACIÓN: Hay muchas razones para alabar a Dios. Él es digno de nuestra adoración. Antes que cualquier otro propósito o llamado que Él tenga para nosotros, tenemos el llamado a ser adoradores, sacerdotes ante Él. Este es un llamado para toda la vida, una expresión de gratitud y reconocimiento de quién es Él, y de todo lo que ha hecho por nosotros. La alabanza a Dios también ahoga la voz del enemigo. Nos recuerda la verdad y nos devuelve la paz, como en el pasaje de Filipenses 4. La alabanza es la clave para transformar nuestra mente.

Pon tu canción de alabanza favorita y ministra al Señor hoy. Levanta tus manos santas, por muy callosas que estén, y agradécele a Dios que desapareciera tu pasado, y que tu futuro sea brillante y hermoso.

DALE A TU CORAZÓN UN BAÑO EN LA PALABRA DE DIOS

Todo aquel que tocare cadáver de cualquier persona, y no se purificare, el tabernáculo de Jehová contaminó, y aquella persona será cortada de Israel; por cuanto el agua de la purificación no fue rociada sobre él, inmundo será, y su inmundicia será sobre él.

NÚMEROS 19:13

Si quisiéramos alcanzar nuevos niveles en la adoración, ¡no podríamos tocar cosas muertas! En cambio, se convierten en obstáculos que nos impiden tener experiencias más profundas en el Señor. En la iglesia primitiva, los discípulos experimentaban impresionantes muestras de poder que nosotros no parecemos experimentar en el mismo grado. Pocos de nosotros caminamos con suficiente luz como para proyectar el tipo de sombra que hace que se sanen otros. Nuestro itinerario puede llevarnos de iglesia en iglesia, ¡pero los discípulos se movían en el espíritu de una generación a otra y veían cosas que no eran lícitas decir! ¿Qué está mal? ¡Nos hemos convertido en una nación de sacerdotes que pasan demasiado tiempo tocando a los muertos y no lo suficiente lavando nuestros corazones con agua pura!

Dale un baño a tu corazón. Sumérgelo profundamente en la pureza de la Palabra de Dios, y elimina los restos de enfermedades y preocupaciones mortales. ¡Es posible que estas te impidan participar en el mayor mover de Dios que esta generación verá jamás! Un corazón nublado no puede avanzar en el reino de la fe. Se necesita claridad para fluir en la autoridad divina. Satanás sabe que la pureza de corazón es necesaria para ver a Dios, para ver la voluntad de Dios y para ver la Palabra de Dios. La voluntad de Dios se revela en su Palabra. En cuanto a la Palabra, «*la Palabra estaba con Dios, y Dios mismo era la Palabra*» (Juan 1:1, RVC). ¡Estas angustias y tensiones son el colesterol espiritual! Evitarán que el corazón pueda ver a Dios. Si el corazón no puede ver a su Dios, su adoración se vuelve rutinaria y superficial. No puedo evitar preguntarme cuánto más todos veríamos de Dios si elimináramos las pequeñas acumulaciones de la vida que obstruyen las arterias de nuestro corazón y no nos permiten ver la gloria de Dios.

PROPÓSITO ESENCIAL: Pocos de nosotros caminamos con suficiente luz como para proyectar el tipo de sombra que hace que se sanen otros.

MOMENTO DE TRANSFORMACIÓN: Hay mucho más disponible en Dios de lo que caminamos en la actualidad. En realidad, siempre hay más con Dios. El libro de los Hechos no es un cuento de hadas, sino que es una guía para los valientes seguidores de Jesús que quieren ver más. Cuando las cuestiones muertas ocupan espacio en nuestras mentes y corazones, les restan valor a la pureza de nuestros corazones. La Palabra de Dios es la verdad que limpia nuestro corazón de todas las impurezas. Créeme, hija, ¡no querrás quedarte nublada y perder la oportunidad de participar en el mayor mover de Dios que esta generación verá jamás!

Saca tu Biblia y dedica unos minutos (¡u horas!) para lavarte en la Palabra de Dios. Ora los versículos en voz alta y deja que saturen tu corazón. El Salmo 24 es un buen lugar para comenzar hoy.

¿TU CORAZÓN NECESITA UN LAXANTE?

*Dios bendice a los que tienen corazón puro,
porque ellos verán a Dios.*

MATEO 5:8 (NTV)

S i el sacerdote, el adorador, tiene muchas cuestiones sin resolver en su corazón, ¿cómo puede ver a Dios? ¡Estos problemas son los obstáculos que nos mantienen buscando la sabiduría de las personas en lugar de la sabiduría de Dios! Estos son los obstáculos que nos hacen sentir inseguros mientras esperamos una respuesta. Estos son los obstáculos que mantienen a muchos cristianos bien intencionados necesitando la oración en lugar de darla. Limpiemos nuestros corazones y escucharemos, adoraremos y experimentaremos a Dios en una nueva dimensión. Limpia todo pensamiento que impida la paz y el poder de Dios.

Un corazón puro es el prerrequisito necesario para ver a Dios en su sentido más pleno. A menudo se le describe como el Dios invisible (lee Colosenses 1:15). La invisibilidad de Dios no se refiere tanto a la incapacidad de ser visto como a tu incapacidad de contemplarlo. Para los ciegos, todas las cosas son invisibles. ¿Cómo puedo ver a este Dios que no puede detectarse en la periferia de mi visión? Jesús enseñó que un corazón puro podía ver a Dios. No es de extrañar que David gritara: *«Crea en mí, oh Dios, un corazón limpio»* (Salmo 51:10). El término usado en Mateo 5:8 para *puro* proviene de la palabra griega *katharos*, que significa «limpiar», muy parecido a un laxante. Puede ser gracioso, pero es cierto. Jesús dice que le des un laxante a tu corazón cuando escuches o veas demasiado. No lleves contigo lo que Dios quiere que se deseche. ¡Dale a tu corazón un laxante y deshazte de «todo peso y del pecado que tan fácilmente nos envuelve» (Hebreos 12:1, LBLA)! Bien vale la pena limpiarse para ver lo que Dios quiere revelarte.

🐦 **PROPÓSITO ESENCIAL:** Jesús dice que le des un laxante a tu corazón cuando escuches o veas demasiado.

🐦 **MOMENTO DE TRANSFORMACIÓN:** En ocasiones, cuando ministro, tengo la extraña sensación de hablar directamente con alguien. Lo siento ahora. Quienquiera que seas, prepárate para una nueva visión y un nuevo mover de Dios. Despréndete de todo lo que ha impedido que tu corazón vea a Dios. Él se está mostrando a sí mismo. ¡No se esconde! Limpia tu corazón y despeja tu mente; ¡Él está ahí *ahora*!

Amada, ¡no te lo pierdas! Sé al igual que David, quien constantemente llevaba todo lo que tenía en su corazón ante el Señor. Es el mejor ejemplo de permitir que Dios entre en los lugares más profundos, en todas tus emociones, desde la angustia hasta la tristeza, el rechazo, el gozo y la alabanza. No retenía nada y Dios se encontró con él siempre. Clama a Dios y deja que te lleve a un nuevo nivel de revelación.

Día cincuenta

NO PIERDAS EL FUEGO, ¡MANTENTE EN LLAMAS!

Sin embargo, tengo en tu contra que has abandonado tu primer amor. ¡Recuerda de dónde has caído! Arrepiéntete y vuelve a practicar las obras que hacías al principio. Si no te arrepientes, iré y quitaré de su lugar tu candelabro.

Apocalipsis 2:4-5 (nvi®)

A menudo, enciendo un fuego en esas frías noches invernales en Virginia Occidental. La recolección de la leña es un pequeño precio a pagar una vez que los troncos se han encendido, y ese cálido y envolvente resplandor del fuego caliente comienza a salir de la estufa y llena la habitación con el sonido relajante de la madera crujiente y el ligero aroma a fuego fresco. En esas noches, cuando el día ha pasado factura, miro con fijeza el fuego y lo veo bailar alegremente por la madera como si fueran niños saltando en la ladera de una colina. Esas chispas que vuelan en el aire son la respuesta de la naturaleza a los fuegos artificiales, y cada grupo de chispas estalla con el esplendor de un arcoíris de neón.

Al contemplar bien el fuego, notarás que las chispas salen del tronco ardiendo tan calientes como el propio fuego. Se arremolinan en la chimenea con una furiosa ascensión a las oscuras cámaras de arriba. Sin embargo, estas parpadeantes luces pronto se extinguen debido a ninguna otra fuerza que las secuelas de haberse separado de su fuente. Pensé, todavía mirando en silencio las brasas ardientes de la siguiente producción de fuego: «Cuántos cristianos estallan en la brillantez de la adoración y la alabanza, pero pronto se vuelven oscuros y fríos, perdiendo su primer fuego». ¡Quédate en el fuego, amiga mía, donde las otras brasas puedan compartir su calor contigo y mantenerte en llamas! El fuego de Dios es el que te ayudará a quemar los vástagos, las rarezas y los obstáculos de antaño.

Quizá eso sea lo que sucediera en el horno de fuego con los muchachos hebreos. Sí, hubo fuego; no lo niego. Sin embargo, el fuego tenía una misión. Solo podía quemar lo que era un obstáculo que les impedía adorar a Dios a los que se negaban a adorar los ídolos. No sé lo que decían mientras caminaban entre las llamas, ¡observados por el rey, pero preservados por el Señor! Quizá dijeran lo que me siento obligado a contarte a ti. En pocas palabras, a algunas personas las salva del fuego; alabado sea Dios por ellas. En cambio, ¡con demasiada frecuencia Dios nos salva a la mayoría de nosotros por el fuego!

PROPÓSITO ESENCIAL: Cuántos cristianos estallan en la brillantez de la adoración y la alabanza, pero pronto se vuelven oscuros y fríos, perdiendo su primer fuego.

MOMENTO DE TRANSFORMACIÓN: En Apocalipsis 2, se elogió a la iglesia de Éfeso por sus buenas obras, pero lo trágico es que perdieron su primer amor. Tal vez hicieran las cosas adecuadas, pero en algún lugar de su interior, perdieran su pasión por Dios. Al igual que esas chispas que saltaban del fuego, alguna vez fueron brillantes, pero corrían el riesgo de apagarse. Aunque el fuego no siempre es cómodo, a menudo es el lugar más seguro o el testimonio que salva a otra persona. Después que el rey Nabucodonosor presenció el milagro de Dios, exclamó: «*No hay otro dios que pueda librar así*» (lee Daniel 3:29).

Sin importar el calor que haga, mantente cerca de la Fuente. Si te sientes un poco apagada o aburrida, entra en la presencia de Dios y pídele que encienda tu corazón de nuevo.

NO ENTIENDO POR QUÉ, ¡PERO TÚ SIGUES SIENDO MI DIOS!

Cerca de la hora novena, Jesús clamó a gran voz, diciendo:
Elí, Elí, ¿lama sabactani? Esto es: Dios mío, Dios mío,
¿por qué me has desamparado?
Mateo 27:46

Hay momentos en los que es difícil comprender los métodos de Dios. Hay momentos en los que discernir su voluntad es un esfuerzo frustrante. Quizá tengamos esos momentos debido a que no se nos ha dado toda la información que necesitamos para averiguar sus caminos así como sus actos. Muchas veces aprendemos más en retrospectiva que cuando estamos en medio de la lucha. Puedo mirar por encima del hombro a mi pasado y ver que la mano del Señor ha estado sobre mí durante toda mi vida. Sin embargo, hubo momentos en los que me sentí solo y asustado por completo. Hasta Jesús una vez gritó: «*¿Elí, Elí, lama sabactani? Esto es: Dios mío, Dios mío, ¿por qué me has desamparado?*» (Mateo 27:46b). Colgando en la cruz con el cuerpo ensangrentado y golpeado, cuestionaba los actos de Dios, pero nunca cuestionó su relación con Él. En esencia, Jesús dice: «No entiendo por qué, ¡pero tú sigues siendo *mi Dios*!».

Estoy seguro de que todos hemos sentido nuestra fe agobiada por una dura lucha que nos ha dejado preguntándonos qué hacía Dios en realidad. Me cuesta creer que alguien que camine de veras con Dios nunca se haya sentido como un niño cuyas diminutas piernas infantiles no pudieran seguir el ritmo de las fuertes zancadas de sus padres. A veces, he pensado: «Papá, no camines tan rápido». No podemos ver tan bien ni movernos tan rápido. Se necesita tiempo para desarrollar la destreza espiritual. Mantener la calma en las crisis y la fidelidad en los momentos de temor es más fácil de decir que de hacer. Tenemos que buscarlo a Él.

La búsqueda de Dios es una experiencia de «igualdad de oportunidades» para todos los cristianos. Sin importar el éxito que tengas, siempre tendrás momentos en los que solo necesitas encontrarlo a Él y dejarle que haga una obra en ti. La consagración es la gemela siamesa de la santificación. Nacen juntas y están conectadas. No puedes consagrarte sin estar santificada. La santificación te aparta de las distracciones, ¡y la consagración toma a esa persona apartada y apaga su sed en la presencia del Señor!

PROPÓSITO ESENCIAL: Colgando en la cruz con el cuerpo ensangrentado y golpeado, cuestionaba los actos de Dios, pero nunca cuestionó su relación con Él.

MOMENTO DE TRANSFORMACIÓN: Por lo general, vemos las obras de Dios cuando volvemos la vista atrás, pero mientras estamos en el fragor de los fuertes vientos de la vida, a menudo vamos en busca del Señor. Tal vez estemos en nuestro mejor momento cuando lo buscamos. No tenemos independencia, solo una cruda necesidad. No hay que perder el tiempo con cosas que no sirven de ayuda ni de sanidad. Esos son los momentos en los que sabemos que la obra es para Dios. Si Él no nos ayuda, moriremos. Incluso, si su camino parece desconocido o confuso, insiste en tu relación con Dios Padre. Recuerda, hija, hasta Jesús se preguntó por qué, pero nunca cuestionó su relación con su Padre.

Dedica un tiempo para estar en la presencia de Dios. Deja a un lado tus preguntas y preocupaciones. Solo sé una hija en los brazos de tu Papá que tiene el mundo entero en sus manos, incluyendo tu vida.

LA ADORACIÓN COMIENZA CON UNA BÚSQUEDA DESESPERADA

Como el ciervo brama por las corrientes de las aguas, así clama por ti, oh Dios, el alma mía. Mi alma tiene sed de Dios, del Dios vivo; ¿cuándo vendré, y me presentaré delante de Dios? Fueron mis lágrimas mi pan de día y de noche, mientras me dicen todos los días: ¿Dónde está tu Dios? Me acuerdo de estas cosas, y derramo mi alma dentro de mí; de cómo yo fui con la multitud, y la conduje hasta la casa de Dios, entre voces de alegría y de alabanza del pueblo en fiesta.

Salmo 42:1-4

La búsqueda de Dios es un paso primordial en la adoración. Nunca buscamos nada que no valoremos. El mismo hecho de que lo busquemos indica que se ha vuelto esencial para nosotros. Hay millones de personas que parecen vivir la vida sin darse cuenta de que les falta algo. Al parecer, no perciben ningún vacío real. Separarnos de esas filas y decir: «Dios mío, te necesito», es una forma de adoración. La palabra *adoración* expresa la estima o respeto que se tiene puesta en Dios. La clase de intensidad que hace que un individuo persiga lo invisible a pesar de todas las distracciones visibles es el resultado de la necesidad. Si no lo necesitáramos con urgencia, nos podríamos satisfacer fácilmente con las cosas carnales.

Dios nos instruye que lo busquemos, pero no como si Él se escondiera de nosotros. No es un niño que juega al escondite. No está agazapado detrás de los árboles riéndose mientras nosotros sufrimos. La petición de buscarle es tanto para nuestro beneficio como para el suyo. Cuando lo buscamos, tomamos una decisión consciente que es necesaria para llevarnos al reino de lo espiritual. La búsqueda de Dios es gratificante en el desarrollo del carácter del buscador. Algunos niveles de bendiciones nunca se reciben a menos que se busquen con diligencia. Esta búsqueda de Dios es lo que a menudo le impulsa a actuar. Si esto no fuera cierto, la mujer con flujo de sangre nunca se habría sanado. Su decisión consciente de buscar lo imposible liberó la virtud invisible de Dios.

No existen manuales que nos instruyan paso a paso sobre la forma adecuada de buscar al Señor. Al igual que hacer el amor, la búsqueda es espontánea y se concibe de forma individual a partir del poder del momento. Algunos lo buscan en silencio, con suaves lágrimas que ruedan en calma por un rostro cansado. Otros lo buscan mientras caminan por las arenosas playas de una cala, contemplando las crecientes corrientes de una marea vespertina. Algunos levantan sus manos, y le alababan y adoran con amorosas expresiones de adoración. No hay reglas, solo que lo busquemos con todo nuestro corazón.

PROPÓSITO ESENCIAL: La búsqueda de Dios es un paso primordial en la adoración. Nunca buscamos nada que no valoremos. El mismo hecho de que lo busquemos indica que se ha vuelto esencial para nosotros.

MOMENTO DE TRANSFORMACIÓN: La mujer con flujo de sangre sabía lo que era estar desesperada. Los doce años de sufrimiento y desilusión debieron ser confusos. Estoy seguro de que clamó a Dios muchas veces. Sin embargo, a pesar de eso no se rindió. Buscó a Jesús. Se abrió paso entre la multitud y agarró el borde de su manto, creyendo en fe para su sanidad (lee Mateo 9:20-22). Quizá puedas identificarte con su lucha. Tal vez haya algo por lo que has estado llorando año tras año sin ver el resultado y estás cansada. Créeme, querida hija, Dios no se ha olvidado de ti. En tu búsqueda, te está transformando de veras. Él ve tu búsqueda y se compadece de ti.

Deja que tu desesperación te acerque aún más. Incluso si lo has hecho una y otra vez, invita al Espíritu Santo a que entre de nuevo en este aspecto confuso hoy.

EMITE UNA ORDEN DE ALERTA Y SAL EN BUSCA DE DIOS

Buscad al Señor mientras puede ser hallado, llamadle en tanto que está cerca. Abandone el impío su camino, y el hombre inicuo sus pensamientos, y vuélvase al Señor, que tendrá de él compasión, al Dios nuestro, que será amplio en perdonar.

Isaías 55:6-7 (lbla)

C uando se trata de asuntos espirituales, somos como los ciegos; estamos limitados. Al igual que los dedos que a tientas se extienden en la noche tratando de compensar una visión oscurecida, sentimos a Dios. Sentimos su voluntad y sus caminos. Estoy asombrado de todas las personas que parecen saber siempre todo lo que Dios dice sobre cada cosa. En el himno «Objeto de mi fe», Ray Palmer y Lowell Mason escribieron: «Objeto de mi fe, divino Salvador, propicio sé; Cordero de mi Dios». Mi fe mira hacia lo alto, pues mis ojos no siempre pueden ver. Por otro lado, hay una reacción saludable que se produce en la ceguera; nuestros sentidos se agudizan a medida que ejercitamos lo que no necesitaríamos con regularidad.

Dios sabe lo que hará falta para llevarnos a un lugar de búsqueda. Él sabe cómo sacarnos de nuestra tranquila y cómoda posición de preeminencia. Hay momentos en los que hasta nuestros grandes sabios de la época murmuran en la noche. Cuando la congregación se va a casa y desaparece la multitud, hay momentos en los que incluso nuestros líderes más profundos y elocuentes buscan a tientas en la oscuridad el plan y el propósito de Dios.

A pesar de nuestros fuertes andares y nuestras espaldas firmes, a pesar de nuestra postura rígida y nuestro discurso formidable, entre bastidores temblamos en nuestros corazones ante la presencia de Dios, cuya voluntad soberana a menudo escapa al ámbito de nuestro razonamiento humano.

La búsqueda libera respuestas. La Palabra declara: «Buscad, y hallaréis» (Mateo 7:7b). Buscar a Dios requiere concentración y determinación. Muchas cosas disponibles para nosotros no se encuentran sin una búsqueda a fondo. Aun así, quién sabe qué liberará Dios si vamos en su busca.

PROPÓSITO ESENCIAL: Muchas cosas disponibles para nosotros no se encuentran sin una búsqueda a fondo. Aun así, quién sabe qué liberará Dios si vamos en su busca.

MOMENTO DE TRANSFORMACIÓN: Nuestra búsqueda de Dios tiene que ser lo que la policía llama una orden de alerta, un «aviso a todas las unidades». A todo el departamento se le pide que busque lo mismo. Por lo tanto, nuestra búsqueda no puede ser una curiosidad distraída y a medias. Debe haber algo que produzca un esfuerzo unificado para buscar a Dios. Cuerpo, alma y espíritu, todo en su conjunto, buscando lo mismo. Hay una bendición esperándonos. Requerirá una orden de alerta para hacerla realidad, pero valdrá la pena alcanzarla.

¿Estás buscando a Dios o te has cansado? Si tus ojos no pueden ver ahora, eleva tu mirada con fe. Pídele hoy a Dios un nuevo enfoque. ¡Hay una respuesta esperándote al otro lado de tu búsqueda total!

¿ADÓNDE ACUDIRÁS EN CASO DE CRISIS?

Respondió Job a Jehová, y dijo: Yo conozco que todo lo puedes,
y que no hay pensamiento que se esconda de ti. ¿Quién es el que oscurece
el consejo sin entendimiento? Por tanto, yo hablaba lo que no entendía;
cosas demasiado maravillosas para mí, que yo no comprendía.

Job 42:1-3

Creo que hay momentos en los que nos cansamos de las respuestas humanas. Los momentos cruciales que surgen en nuestra vida requieren más que buenos consejos. Necesitamos una palabra de Dios. Hay ocasiones en las que necesitamos un aislamiento total. Llegamos a casa del trabajo, descolgamos el auricular del teléfono, cerramos las persianas y nos postramos ante Dios para tener una conexión más estrecha. En el caso de Job, estaba atravesando una crisis absoluta. Sus finanzas se destruyeron. Su ganado, asnos y bueyes se destruyeron. Sus cosechas desaparecieron. En esa época sería comparable a la caída de la bolsa de valores. Era como si Job, el hombre más rico, hubiera quedado en bancarrota. Qué choque para su sistema al darse cuenta de que todos somos vulnerables. Es aleccionador entender que un incidente, o una secuencia de eventos, pueden alterar de forma radical nuestro estilo de vida.

A través de su devastación financiera, es probable que Job pudiera haber recurrido a sus hijos en busca de consuelo, pero también los había perdido. Su matrimonio se deterioró hasta el punto de que Job dijo que su esposa odiaba su aliento (lee Job 19:17, LBLA). Además, se enfermó. ¿Alguna vez has pasado por un momento en tu vida en el que sentiste que tenías mala suerte? Todo lo que podía salir mal, ¡salía mal! La frustración se convierte en aislamiento. ¿Y ahora qué? ¿Utilizarás este momento para buscar a Dios o para rumiar tu adversidad? Con la respuesta adecuada, ¡podrías convertir la cárcel en una iglesia!

En tu temporada más difícil, tienes dos opciones. Puedes volverte hacia Dios o alejarte. Puedes desesperarte y buscar a Dios, o amargarte y culpar a Dios. Después de perder a su esposo e hijos, Noemí le dijo a la gente que la llamara «Mara», que significa amarga (lee Rut 1:20-21). Culpó a Dios y dejó que su corazón se amargara. Aun así, Dios lo cambió todo y bendijo su vida. Hija, extiende tus manos para alcanzarlo. No dejes que la amargura se apodere de ti. Clama a Dios. Hagas lo que hagas, ¡no permitas que se te escape este momento!

🕊 **PROPÓSITO ESENCIAL:** ¿Utilizarás este momento para buscar a Dios o para rumiar tu adversidad?

🕊 **MOMENTO DE TRANSFORMACIÓN:** Todos estamos limitados y todos pasamos por temporadas desafiantes. Sin embargo, cuando hay un fuerte deseo, superamos nuestras incapacidades y circunstancias, a fin de esforzarnos por entrar en la presencia de Dios. Como hablamos ayer, los que buscan encontrarán (lee Mateo 7:7b). Esa es una promesa. Job luchó, lloró y se quejó. Sus amigos ni siquiera pudieron ayudarlo en ese momento. Lo perdió todo y era un hombre desesperado. Noemí también lo perdió todo. Y, sin embargo, Dios tuvo otra época de bendición al otro lado de todas sus búsquedas.

Tal vez sientas que también lo has perdido todo. Si no sabes por dónde empezar, extiende tus manos al único que conoce el final desde el principio. Toma la decisión de volverte hacia Él y no alejarte. No pierdas esta oportunidad de dar una ofrenda de alabanza. Dios ve tu sacrificio.

DIOS TIENE UN TIEMPO ESTABLECIDO PARA BENDECIRTE; SOLO ESPERA

He aquí, me adelanto, y Él no está allí, retrocedo, pero no le puedo percibir; cuando se manifiesta a la izquierda, no le distingo, se vuelve a la derecha, y no le veo.

JOB 23:8-9 (LBLA)

E l consuelo llega cuando sabes que la adversidad actual terminará pronto. Sin embargo, ¿qué consuelo se puede encontrar cuando parece que el problema no cesará nunca? Job dijo: «*He aquí, me adelanto, y Él no está allí*» (Job 23:8a). Es aterrador cuando no se ve ningún cambio en el futuro. Job decía: «No veo ayuda ni señal de Dios en el futuro». En realidad, es un truco de satanás hacerte creer que no vendrá la ayuda. Entonces, esa desesperanza produce ansiedad. Por otro lado, a veces la sensación de que a la larga llegarás a un punto de transición puede darte la tenacidad para perseverar en el desafío actual. No obstante, a menudo parece que la angustia no disminuye. Al igual que una tormenta que no cesará, las aguas del desánimo comienzan a llenar de agua el barco que se tambalea. De repente experimentas una sensación de hundimiento. Sin embargo, ¡no hay forma de hundir un barco cuando no permites que las aguas del exterior entren al interior! Si las tormentas siguen viniendo, los relámpagos continúan destellando y los truenos retumban durante la noche, lo que importa es mantener las aguas fuera del interior. ¡Mantén esas cosas fuera de tu espíritu!

Como un marinero desesperado tratando de taponar un barco que se hunde, Job no dejaba de pensar una y otra vez con frenesí, buscando alguna pizca de esperanza que taponara su barco a punto de hundirse. Exasperado, se sentó malhumorado en el estupor de su condición y confesó con tristeza: «He aquí, me adelanto, y Él no está allí» (Job 23:8a). «No puedo encontrarlo donde pensé que estaría». ¿Alguna vez te has dicho que la tormenta terminaría pronto? Y salió el sol y se fue el sol, y todavía las mismas lluvias golpean con intensidad el barco. Casi se siente como si Dios faltara a su cita. ¡Pensabas que ya se movería! Al mirar nerviosamente tu reloj, piensas: «¿Dónde está?». Recuerda, querida amiga, Dios no sincroniza su reloj con tu pequeño reloj mortal. Él tiene un tiempo establecido para bendecirte; solo espera.

PROPÓSITO ESENCIAL: En realidad, es un truco de satanás hacerte creer que no vendrá la ayuda. Entonces, esa desesperanza produce ansiedad.

MOMENTO DE TRANSFORMACIÓN: La Biblia dice que los caminos de Dios son más altos que nuestros caminos y que sus pensamientos son más altos que nuestros pensamientos (lee Isaías 55:9). Él tiene un plan y un propósito para tu vida. Tiene un tiempo establecido para bendecirte. Sin embargo, habrá tormentas en el camino. ¿Recuerdas a los discípulos? Estaban aterrorizados en una barca en medio de la tormenta y Jesús dormía (lee Mateo 8:24). Jesús se despertó y calmó la tormenta. Él también vendrá y te ayudará, incluso si no es en la forma ni en el momento que esperabas.

No permitas que las aguas de la duda y del temor entren en tu barco. Si estás luchando con el miedo y la duda, pídele a Jesús que calme esas tormentas internas. Recuerda lo que ya analizamos: tú tienes control sobre tu mente. Concéntrate en quién es Jesús, no en la tormenta.

¿CUÁL ES EL PROBLEMA SI DIOS ESTÁ AHÍ?

Y él dijo: Mi presencia irá contigo, y te daré descanso.
Éxodo 33:14

Alguien dijo una vez que estudiar el pasado nos prepara para el futuro. Es importante volver la vista atrás y ver los patrones que nos hacen sentir cierta sensación de continuidad. Job, en cambio, dijo: «Al mirar hacia atrás, no pude encontrarlo» (lee Job 23:8b). «¿Por qué tuve que pasar por todo esto? ¿Hay alguna razón por la que tuve que tener esta lucha?». A decir verdad, hay momentos en los que la vida parece tener todo el propósito de una gran locura. Como un niño pequeño cortando papel en el suelo, parece que no hay un plan real, solo acciones. Estos son los momentos que ponen a prueba el corazón de los hombres. ¡Estos son los momentos en los que buscamos respuestas! A veces, incluso más que un cambio, ¡necesitamos respuestas! «Dios mío, si no lo arreglas, ¡explícalo por favor!». Somos criaturas ingeniosas y con sentido común. Buscamos respuestas. Sin embargo, hay ocasiones en las que incluso después de una evaluación exhaustiva, ¡no podemos encontrar la salida del laberinto de la casualidad!

¿Dónde está el Dios que envió un temblor al valle de los huesos secos y los juntó? (Lee Ezequiel 37). ¿O dónde está el Dios del barro, que remodela los lugares rotos y repara los bordes dentados? (Lee Isaías 64:8). Si se dijera la verdad, el Dios que buscamos nunca está lejos. El problema no es tanto su presencia como mi percepción. Muchas veces la liberación no le cuesta a Dios ni una sola acción. La liberación llega cuando mi mente acepta su tiempo y propósito en mi vida.

En mis tiempos de crisis, muchas veces descubría que buscaba más el lugar de descanso que la respuesta. Si puedo encontrar a Dios, no necesito encontrar dinero. Si puedo encontrar a Dios, ¡no necesito encontrar la sanidad! Si puedo encontrarlo, mis necesidades se vuelven insignificantes cuando las agito a la luz de su presencia. ¿Qué problema hay si Dios está ahí? Hasta en el hedor de su carne en descomposición, Job sabía que su respuesta no era pedir a gritos la sanidad. ¡Estaba gritando por el Sanador! ¿Te das cuenta del poder de la presencia de Dios? Escucho a mucha gente hablar sobre los actos de Dios, ¿pero alguna vez has considerado la simple presencia de Dios? Él no tiene que hacer nada más que estar allí, ¡y se acabó!

PROPÓSITO ESENCIAL: Muchas veces la liberación no le cuesta a Dios ni una sola acción. La liberación llega cuando mi mente acepta su tiempo y propósito en mi vida.

MOMENTO DE TRANSFORMACIÓN: No es de extrañar que Job estuviera sentado en medio de la ceniza y vestido de cilicio buscando en la basura de su vida, buscando a Dios. ¡Sabía que solo la presencia del Señor podía traer consuelo a su dolor! ¿Has comenzado tu búsqueda de una manifestación más cercana de la gracia de Dios? Tu búsqueda por sí sola es adoración. Cuando lo buscas, sugieres que lo valoras y reconoces su capacidad. Los pasos vacilantes y apocados de un buscador son mucho mejores que la postura del complaciente. Él no está lejos. Está en el horno, moviéndose entre las cenizas. Mira más de cerca. Él nunca está lejos del buscador que busca estar en Su presencia.

Dios no está muy lejos, amiga mía. Si no sabes lo que Él hace en tu vida en este momento, si todo se siente confuso, solo descansa en su presencia. Y sigue buscando.

ÉL SE MANIFIESTA A LA MANO IZQUIERDA

Pero él me dijo: «Te basta con mi gracia, pues mi poder se perfecciona en la debilidad».

2 Corintios 12:9 (nvi®)

¿Has estado buscando y buscando, pero sientes que no te acercas? Quizá estés más cerca de lo que crees. Job nos dijo dónde encontrar a Dios. Declaró dónde trabaja Él. ¡Job dijo que Dios se manifiesta en la mano izquierda! Sé que has estado buscando en la mano derecha y puedo entender por qué. La mano derecha en la Biblia simboliza poder y autoridad. Por eso Cristo está sentado al lado derecho de Dios (lee Marcos 16:19, ntv). Siempre que dices que alguien es tu mano derecha, te refieres a que es el siguiente al mando o autoridad. Entonces, como es natural, si fueras a buscar a Dios, mirarías a la mano derecha. Por supuesto, Él está a la diestra. Está lleno de autoridad. Aun así, olvidaste algo. Su poder se perfecciona en la debilidad (lee 2 Corintios 12:9). Muestra su gloria en las cenizas de la fragilidad humana. ¡Él se manifiesta a la mano izquierda!

Un gran crecimiento no llega a tu vida a través de experiencias en la cima de la montaña. El gran crecimiento llega a través de los valles y lugares bajos donde te sientes limitada y vulnerable. El momento en el que Dios se mueve de veras en tu vida puede parecer el más bajo que hayas experimentado jamás. La mayoría de los creyentes piensa que Dios obra cuando llega la bendición. ¡Eso no es cierto! Dios está obrando en ti, tu fe y tu carácter, cuando se retrasa la bendición. ¡La bendición es la recompensa que viene después que aprendes la obediencia a través de las cosas que sufriste mientras la esperabas! No aceptaría ninguna cantidad de dinero por las cosas que aprendí sobre Dios mientras sufría.

Ahora bien, yo no he terminado de sufrir, ¡y tú tampoco! Entre cada paso de fe, entre cada nueva dimensión de exaltación, siempre habrá algún nivel de lucha. No he terminado con la mano izquierda, ni quiero terminar. El prerrequisito de la montaña es el valle. Si no hay valle, no hay montaña. Después de haber pasado por este proceso unas cuantas veces, empiezas a darte cuenta de que el valle es solo una señal de que, con unos pocos pasos más, ¡llegarás de nuevo a la montaña!

PROPÓSITO ESENCIAL: Entre cada paso de fe, entre cada nueva dimensión de exaltación, siempre habrá algún nivel de lucha. No he terminado con la mano izquierda, ni quiero terminar.

MOMENTO DE TRANSFORMACIÓN: Siento por el Espíritu Santo que en algún lugar hay una mujer leyendo a la que Dios quiere hacerle llegar este principio a su espíritu. Has estado pasando por una época de experiencias del lado izquierdo. Has dicho una y otra vez: «¿Dónde está el mover de Dios que solía experimentar? ¿Por qué estoy pasando por estas pruebas de fuego?».

Permíteme ministrarte un minuto. Dios está contigo incluso ahora. Está operando en un reino diferente. Él se está manifestando con una mano diferente, ¡pero todavía está obrando en tu vida! Para que Él pudiera hacer esta obra en tu vida, tuvo que cambiar de mano. Confía en que Él tiene el mismo nivel de destreza en su mano izquierda que cuando se mueve con la derecha.

¡SOLO ESPERA!

«*Sean fuertes y valientes. No teman ni se asusten ante esas naciones, pues el SEÑOR su Dios siempre los acompañará; nunca los dejará ni los abandonará*».

DEUTERONOMIO 31:6 (NVI°)

Hay otra cuestión que se debe analizar acerca de vivir del lado izquierdo de Dios. Es difícil percibir las obras de Dios en la mano izquierda. Dios hace movimientos definidos con la mano derecha, pero cuando obra con la izquierda, ¡puedes pensar que se ha olvidado de ti! Si has estado viviendo en el lado izquierdo, has pasado por un período que no parecía tener la más mínima alteración. Parecía como si todo lo que deseabas que Dios moviera, se quedaba quieto. Te has preguntado: «¿Se fue de vacaciones? ¿Olvidó su promesa?». ¡La respuesta es no! Dios no lo ha olvidado. Solo debes entender que a veces Él se mueve abiertamente. Yo las llamo bendiciones de la derecha. Sin embargo, a veces se mueve en silencio, andando de puntillas en lo invisible, trabajando en las sombras. No puedes verlo, ¡pues se está manifestando en el lado izquierdo!

¿Cuánto tiempo se manifiesta Dios a la izquierda? No lo sé. Es como la frase: «Sobre gustos no hay nada escrito». Sin embargo, te diré una cosa: Job concluyó que Dios conoce el camino que toma. Eso significa que hasta cuando no sabía dónde estaba, Él siempre sabía dónde estaba yo. Dios nunca te ha quitado el ojo de encima y sabe dónde estás cada minuto. Escucha el martilleo de Dios en el espíritu. No puedes verlo cuando se manifiesta en el lado izquierdo; allí es invisible. Parece que no está allí, pero sí lo está.

Si la mano izquierda es donde Él se manifiesta, y lo hace; si la mano izquierda es donde Él nos enseña, y lo hace; luego, al final de cada clase, hay una promoción. ¡Así que espera!

PROPÓSITO ESENCIAL: Dios conoce el camino que toma. Eso significa que hasta cuando no sabía dónde estaba, Él siempre sabía dónde estaba yo.

MOMENTO DE TRANSFORMACIÓN: ¡Sé muy bien lo difícil que es confiar en Él cuando no puedes encontrarlo! Sin embargo, eso es lo que Él quiere que hagas con exactitud: quiere que confíes en Él con ambas manos. Puede parecer que todo el mundo pasa de ti en este momento. Evita medirte con otras personas. Dios sabe cuándo es el momento adecuado. Sus métodos pueden parecer toscos y sus enseñanzas laboriosas, pero sus resultados serán impresionantes. Sin engaños ni juegos, sin artimañas ni política, Dios logrará un milagro sobrenatural porque confiaste en Él mientras se manifestaba en el lado izquierdo.

Si sientes que Dios está obrando del lado izquierdo de tu vida, pasa tiempo en oración hoy comprometiéndote a confiar en Él de nuevo. Derrama tu corazón, clama por ayuda, pero comprométete a esperar. Él nunca te ha abandonado, ¡así que no lo abandones!

SALDRÁS COMO ORO PURO

*El crisol es para la plata y el horno para el oro, pero el Señor
prueba los corazones.*

Proverbios 17:3 (lbla)

A prendí a dar gracias por los resultados finales. A través de
cada prueba y dolor debes decirte lo que expresó Job: «Saldré como oro puro. Puede que no salga hoy. Puede que ni siquiera
sea mañana. Aun así, cuando Dios termine de derretir todas las
impurezas y raspar la escoria; cuando la ebullición y las fatigas
de la angustia retrocedan y las sustancias licuadas de mi vida se
estabilicen y fijen, ¡brillaré!». Tú, tempestuosa y ardiente santa que
soportas un tiempo de caminar por el lado izquierdo de Dios, sé
fuerte y muy valiente. ¡El proceso siempre precede a la promesa!

Pronto te remodelarán y convertirán en un cáliz de oro del
que solo el Rey podrá beber. Toda la escoria se desechará; todo el
miedo se eliminará. Los espectadores se reunirán para preguntar
cómo se creó una vasija tan maravillosa con materiales tan pobres.
Contemplarán las joyas de tu testimonio y la brillante gloria de
esa nueva unción. Algunos se preguntarán si eres la misma mujer
que conocieron. ¿Cómo respondes? En pocas palabras, ¡di que no!

Ahora te sientas al lado derecho del Maestro, preparada y disponible para que te use, una vasija de honor para Él. Sin importar cuán glorioso sea sentarse a su derecha y que te eleven a una
posición de poder, solo recuerda que aunque ahora has vencido, te hirvieron y vaciaron mientras vivías del lado izquierdo de
Dios. Acompáñame a mirar hacia atrás en tu vida. Repasa tus

experiencias en el lado izquierdo. Saborea las amargas lágrimas y los fríos vientos de la indiferencia humana, y nunca jamás dejes que nadie te haga olvidar. Tú y yo lo sabemos. Es nuestro secreto, tanto si lo contamos como si nos sentamos tranquilamente para conversar un poco. No siempre estuviste donde estás ni brillaste como brillas. ¿Qué puedo decir? ¡Has recorrido un largo camino, nena!

PROPÓSITO ESENCIAL: ¡El proceso siempre precede a la promesa!

MOMENTO DE TRANSFORMACIÓN: Job dijo: «Cuando me haya probado» (Job 23:10b, LBLA). La palabra *cuando* me da ganas de gritar, pues implica que Dios tiene un tiempo establecido para que yo pase por la prueba y un tiempo establecido para sacarme de ella. Entonces, estoy feliz también porque Él es quien me prueba, no mis enemigos. ¡No es el diablo, sino Dios! No confiaría en nadie más que en Él para llevarme a través de estas experiencias del lado izquierdo. Él me ama lo suficiente como para darme todo lo que necesito para vivir con Él en el lado izquierdo. A las que no tienen fuerzas, les aumenta las fuerzas. ¡Nuevas misericordias surgen cuando luchas contra viejos problemas!

Dedica un tiempo para recordar esas experiencias de la mano izquierda por las que pasaste. ¿Puedes ver cómo Dios te hizo cada vez más como el oro, brillante y hermosa? Dale gracias hoy por lo lejos que has llegado.

SIÉNTETE ORGULLOSA DE TU DÍA DE PEQUEÑOS COMIENZOS

Porque los que menospreciaron el día de las pequeñeces se alegrarán, y verán la plomada en la mano de Zorobabel.

Zacarías 4:10

¿Por qué tanta gente intenta transmitir la imagen de que siempre ha estado en la cima? La verdad es que la mayoría de las personas han luchado por conseguir lo que tienen. Solo tratan de convencer a todo el mundo de que siempre lo han tenido. Por mi parte, me impresiona mucho más la riqueza del carácter de una persona que no utiliza su éxito para intimidar a los demás. La verdadera y rica estabilidad interior que proviene del éxito gradual es mucho más duradera y beneficiosa que la teatralidad temperamental de los espirituales y ambiciosos jóvenes profesionales que nunca han aprendido sus propias vulnerabilidades. No debemos tomarnos a nosotros mismos demasiado en serio. Creo que Dios nos prepara para la grandeza en los desafíos de la lucha.

Recuerdo muy bien las primeras luchas que mi esposa y yo tuvimos para mantener nuestra familia, nuestras finanzas y el bienestar general mientras establecíamos un ministerio. Yo tenía un trabajo secular que Dios quería que dejara para que me dedicara al ministerio a tiempo completo. El ministerio a tiempo completo, ¡qué broma! Apenas se me pedía que predicara en algún lugar que ofreciera más que unos cuantos pasteles de medio kilo, un par de frascos de jalea y, si tenía suerte, suficiente dinero para la gasolina para llegar a casa. Fue allí, alrededor de viejas estufas de carbón en pequeñas iglesias, que ni siquiera se planteaban comprar un micrófono, donde aprendí a predicar.

Al final, dije que sí al ministerio a tiempo completo, pues la empresa para la que trabajaba cerró. Me vi obligado a salir de mi zona de comodidad y entrar a la tierra de la fe. Qué experiencia tan aterradora fue encontrarme sin todo lo que podía imaginar: sin trabajo y, luego, sin automóvil. Más tarde, me quedé sin servicios públicos y, a menudo, sin comida. Anduve haciendo trabajos esporádicos tratando de alimentar a dos hijos y a una esposa sin que pareciera que la vida no funcionaba. No me avergüenzo de decirte (en realidad, me enorgullece decírtelo) que experimenté más sobre Dios en esos días de lucha desesperada mientras respondía a las acusaciones de satanás con la perseverancia de la oración.

PROPÓSITO ESENCIAL: Creo que Dios nos prepara para la grandeza en los desafíos de la lucha.

MOMENTO DE TRANSFORMACIÓN: En mi época de pequeños comienzos, a veces pensaba que Dios se había olvidado de mí. A menudo predicaba hasta encontrarme sudoroso y cansado, ante filas de bancos vacíos con dos o tres personas. Esto no duró solo unos meses. Fueron años de mi vida. Me enorgullece decirte de dónde vengo. Sé que no sería el hombre que soy hoy sin esos años de perseverar a través de las dificultades y creer en las promesas de Dios que aún no podía ver. El carácter se logra mediante la perseverancia. No puedes perseverar sin un desafío.

Dios no tiene prisa contigo. Tiene todo el tiempo del mundo. Si todavía estás en tu pequeño comienzo, confía en que estás justo donde Él te quiere. No trates de apresurar esta etapa. Espera tu promoción.

EL DON DE LA «GRACIA PARA PERSEVERAR»

Respondió Satanás al Señor: ¿Acaso teme Job a Dios de balde? ¿No has hecho tú una valla alrededor de él, de su casa y de todo lo que tiene, por todos lados? Has bendecido el trabajo de sus manos y sus posesiones han aumentado en la tierra. Pero extiende ahora tu mano y toca todo lo que tiene, verás si no te maldice en tu misma cara.

Job 1:9-11 (lbla)

S atanás no puede discutir tu servicio a Dios, pero desafía nuestra razón para servirle. Dice que es por la prominencia y la protección que proporciona Dios. Además, insinúa que si las cosas no fueran tan bien, no alabaríamos a Dios con tanto fervor. ¡El diablo es un mentiroso! En cada una de nuestras vidas, de una forma u otra, enfrentaremos momentos en los que debemos responder a las acusaciones de satanás y demostrar que, incluso en la tormenta, ¡Él sigue siendo Dios!

Mis primeros años de desafíos pusieron a prueba todo lo que había en mí. Mi orgullo, mi autoestima y mi confianza en mí mismo se tambaleaban como un niño que aprende a montar en bicicleta. Mi mayor temor era que no se acabara nunca. Temía que, como una persona atrapada en un ascensor, pasaría el resto de mi vida entre pisos, ni aquí ni allá, en una etapa intermedia de transición. Me sentía como un hombre descoyuntado y dolorido. Sin embargo, aprendí que si puedes recordar tus comienzos y seguir alcanzando tus metas, Dios te bendecirá con cosas sin temor a que esos objetos se conviertan en ídolos en tu vida.

Hay una extraña sensación de competencia que proviene de haber nacido en las llamas de la lucha. Cuán tremendamente llenos de vitalidad son los primeros pasos del niño que antes solo se movía gateando sobre sus manos y rodillas. A menudo no nos damos cuenta de lo severos que fueron nuestros comienzos hasta que salimos, o estamos a punto de salir, de ellos. Entonces, la gracia se eleva y contemplamos la devastadora verdad absoluta sobre lo que acabamos de vivir. Sin embargo, lo curioso es que hay una gloria en la agonía de los primeros años que las personas que no tuvieron que luchar parecen no poseer.

PROPÓSITO ESENCIAL: A menudo no nos damos cuenta de lo severos que fueron nuestros comienzos hasta que salimos, o estamos a punto de salir, de ellos.

MOMENTO DE TRANSFORMACIÓN: Cuando estás en esos pequeños comienzos, puede parecer que nunca terminarán. Como dije, ese era mi mayor temor. La preocupación por el futuro junto con el miedo al fracaso nos lleva a la postura de la oración. Creo que no me daba cuenta del todo de cuán severos fueron mis primeros años, pues los veía a través de los vidrios polarizados de la gracia. Se me dotó de la gracia de perseverar. Qué regalo es mirar atrás y ver que Él nunca se apartó de mi lado. Qué regalo es ser purificado en el fuego de Dios y perseverar. No puedo decirlo lo suficiente, Dios tiene un propósito para tu vida. Él te bendecirá... en su tiempo.

¿Tienes la gracia de perseverar, amada? Pídele a Dios que te muestre su perspectiva sobre tus pequeños comienzos, ya sea en el pasado o en el presente.

DIOS, EL MAESTRO CONSTRUCTOR, HACE HINCAPIÉ EN LOS FUNDAMENTOS

Conforme a la gracia de Dios que me ha sido dada, yo como perito arquitecto puse el fundamento, y otro edifica encima; pero cada uno mire cómo sobreedifica. Porque nadie puede poner otro fundamento que el que está puesto, el cual es Jesucristo.

1 Corintios 3:10-11

He descubierto que Dios es un constructor de hombres y mujeres. Cuando edifica, hace hincapié en el fundamento. Los cimientos, una vez colocados, no son visibles ni atractivos, pero con todo, son bastante necesarios. Cuando Dios comienza a establecer el fundamento, lo hace en los débiles y frágiles comienzos de nuestra vida. Dios es el Maestro Constructor. Él sabe qué tipo de comienzo necesitamos y sienta sus cimientos en las luchas de nuestros años de formación.

Muchos malinterpretan las profecías del Señor, y por eso se sienten descontentos y desesperados. El hecho de que Dios prometa moverse en tu vida y te unja para hacer una función en particular no significa que tu fundamento se construirá de inmediato. José recibió un sueño del Señor que le mostraba gobernando y reinando sobre sus hermanos, pero en el siguiente evento sus hermanos lo desnudaron, lo golpearon y lo arrojaron a un hoyo. ¿Puedes imaginarte lo que el diablo le dijo a José mientras se curaba sus rasguños y moretones en el oscuro agujero de los pequeños comienzos?

Lleno por completo de magulladuras y cicatrices, escuchaba el sonido de la depresión que recorría su palpitante cabeza y que sonaba como tambores de un guerrero africano. La risa de satanás llenaba los oscuros conductos del agujero con su malvada histeria. «Así que ibas a reinar, ¿verdad? Creí que el sueño decía que estabas al mando», se burló el enemigo. Satanás no entendía que todas las grandes profecías comienzan siendo pequeñas. Al igual que las castañas en la mano de un niño, esas mismas castañas algún día serán lo bastante grandes como para sostener a un niño como las que una vez sostuvo él. Los métodos de Dios pueden parecer rudos, pero su propósito es proporcionar un éxito maravilloso. ¡No te mueras en el hoyo! Dios no ha cambiado de opinión. Él es un Maestro Constructor y le dedica más tiempo a sentar un gran fundamento.

PROPÓSITO ESENCIAL: Todas las grandes profecías comienzan siendo pequeñas. Al igual que las castañas en la mano de un niño, esas mismas castañas algún día serán lo bastante grandes como para sostener a un niño como las que una vez sostuvo él.

MOMENTO DE TRANSFORMACIÓN: Quizá tengas grandes sueños o palabras proféticas que parezcan estar muy lejos. Si te parece que has estado en una larga y oculta temporada de pequeños comienzos, estás en muy buena compañía. Después que se ungiera a David para liderar a Israel, de inmediato lo enviaron de regreso al campo para apacentar a las ovejas. En esos campos solitarios, David mató leones y osos sin que nadie lo viera. Adoraba a Dios en esas noches tranquilas y silenciosas. Allí fue donde se convirtió en el valiente que mató a Goliat. Allí fue donde Dios desarrolló su corazón y su carácter para que se convirtiera en rey.

Ahora, dedica un tiempo para recordar los sueños y las palabras proféticas sobre tu vida, querida hija. No importa cómo se vea el día de hoy, ¡mantén esas palabras cerca de tu corazón y sigue creyendo! Dios no ha cambiado de opinión en cuanto a ti.

Día sesenta y tres

EL ÉXITO INSTANTÁNEO NO ES EL CAMINO DE DIOS

Y se cumplió la Escritura que dice: Abraham creyó a Dios, y le fue contado por justicia, y fue llamado amigo de Dios.

SANTIAGO 2:23

Me temo que demasiados cristianos saltan al altar como los gofres instantáneos en cajas de cartón del congelador. Son maravillas de la noche a la mañana. ¡Se trata de pastores de veinticuatro horas con una Biblia que no han leído y un maletín más valioso que los sermones que contiene! Sé que esto parece anticuado, pero creo que todo lo que vale la pena hacer, vale la pena hacerlo bien. Dios mismo se toma su tiempo para desarrollarnos. Ningún éxito instantáneo servirá. Él quiere que la calidad vaya primero que el nombre.

¡Un pequeño comienzo es solo el preludio de un tremendo *crescendo* en el final! Muchas de las obras maestras de Dios se desarrollaron en pequeñas y desconocidas circunstancias. A Moisés, el mesías del Antiguo Testamento enviado a las ovejas perdidas de Israel, lo prepararon para el liderazgo mientras paleaba estiércol de ovejas al otro lado del desierto. Para la meta de este chico no hubo ninguna escuela elegante. Por supuesto, su disciplina se desarrolló en las cortes reales de la casa del faraón, pero su disposición se formó a través de un fracaso en su vida y un reino desértico sin nadie a quien liderar, excepto a moscas, mosquitos y ovejas. ¿Quién hubiera pensado, mirando la iglesia de Moisés de diáconos cabras y mosquitos como miembros del coro, que más tarde lideraría el mayor movimiento en la historia de la teología del Antiguo Testamento?

¿Quién habría imaginado que el viejo e impotente Abraham, cuyo sol se puso y cuya fuerza se apagó, engendraría al final una nación que, en realidad, fue una nacionalidad? Sara se rio cuando escuchó la noticia de que tendría un hijo; ya había pasado la edad de tener hijos (lee Génesis 18:12). ¡Pero Dios! Su promesa se cumplió mucho más allá de sus expectativas. No se puede saber lo que hay en ti con solo mirarte. Dios está estableciendo paciencia, carácter y concentración en la escuela de «parece que no pasa nada». Toma la clase y obtén el crédito del curso; este es para tu bien.

PROPÓSITO ESENCIAL: No se puede saber lo que hay en ti con solo mirarte. Dios está estableciendo paciencia, carácter y concentración en la escuela de «parece que no pasa nada».

MOMENTO DE TRANSFORMACIÓN: ¿Estás persiguiendo el éxito instantáneo? ¿Estás dispuesta a pasar por la escuela de formación de Dios aunque te lleve más tiempo del que esperabas? A través de la Biblia, puedes leer una historia tras otra de hombres y mujeres formados en el fuego de las pruebas. Los largos y ocultos años fueron el lugar donde cavaron profundos pozos de fe y donde Dios construyó firmes cimientos en ellos. A veces, pensamos que hemos hecho algo mal si «no pasa nada». Lo cierto es que solo necesitamos reconocer los métodos de Dios para edificar grandes hombres y mujeres. La relación con Él es la mejor parte del viaje.

¿Qué tal si la meta no es lo que haces por Dios, sino lo que Él hace dentro de ti? ¿Estás dispuesta a entregarle tu tiempo?

¡AY DE LA MUJER CUYO MINISTERIO LLEGA A SER MÁS GRANDE QUE ELLA!

Porque un niño nos es nacido, hijo nos es dado, y el principado sobre su hombro; y se llamará su nombre Admirable, Consejero, Dios Fuerte, Padre Eterno, Príncipe de Paz.

Isaías 9:6

Cuando se creó al primer hombre, Adán, se creó adulto por completo. No tuvo niñez, ni pequeñas cosas. De inmediato se convirtió en un hombre. Sin embargo, cuando llegó el momento del postrer Adán, Dios no lo creó adulto por completo. No, se tomó su tiempo y puso los fundamentos. Nació niño y lo acostaron en un pesebre. Al Gerente del universo lo acostaron en un pesebre. La Biblia dice que creció en gracia para con Dios y los hombres (lee Lucas 2:52). No muy rápido, pero creció. Por favor, date tiempo para crecer.

Una vez estuve orando para que el Señor se moviera con poder en mi ministerio. Pedí, ayuné y oré. Es probable que suplicara un poco y que también echara espuma por la boca, pero nada de eso apresuró el plan de Dios en mi vida. Después de muchos días de absoluto silencio, por fin me envió una pequeña respuesta. El Señor respondió a mi oración diciendo: «Tú te preocupas por edificar un ministerio, pero a mí me preocupa edificar a un hombre». Concluyó mencionando esta advertencia, que ha resonado en mis oídos toda la vida. Declaró: «¡Ay del hombre cuyo ministerio llega a ser más grande que él!». Desde entonces, me he preocupado de orar por el ministro y no por el ministerio. Me di cuenta de que si la casa supera los cimientos, poco a poco estos se agrietarán, las paredes se derrumbarán, ¡y grande será su caída!

Todavía me sorprende en quién me estoy convirtiendo al poner mi vida a diario en sus manos. Él me está cambiando. No ha terminado. Hay mucho por hacer. Cada día veo más inmadurez en mí. Sin embargo, qué marcado contraste en lo que soy ahora con lo que era antes.

PROPÓSITO ESENCIAL: El Señor respondió a mi oración diciendo: «Tú te preocupas por edificar un ministerio, pero a mí me preocupa edificar a un hombre».

MOMENTO DE TRANSFORMACIÓN: No importa lo que estés tratando de construir, ya sea un negocio, un ministerio o una relación, dale tiempo para que crezca. Algunas de las mejores amistades comienzan poco a poco. Algunos de los cristianos más fuertes alguna vez necesitaron con urgencia la oración por sus debilidades y pensaron que las cosas nunca cambiarían. Cuando estaba preocupado por la velocidad de mi progreso y oraba con fervor por el crecimiento de mi ministerio, fue la voz de Dios la que lo cambió todo. Sus palabras transformaron por completo mis oraciones del ministerio al ministro.

Pídele a Dios que le hable directamente a tu corazón sobre lo que está haciendo en su tiempo y permite que eso te traiga la paz. No te apresures a tener un cimiento firme.

DALE GRACIAS A DIOS POR TUS PEQUEÑOS COMIENZOS

Ni permitan que los llamen "maestro", porque tienen un solo Maestro, el Cristo. El más importante entre ustedes será siervo de los demás.

Mateo 23:10-11 (nvi®)

La humildad es una necesidad cuando sabes que cada logro tiene que ser el resultado del sabio Maestro Constructor que sabe cuándo y qué hacer. Él sabía cuándo necesitaba amigos. Él sabía cuándo necesitaba sentarme en silencio durante la noche, rodear con los brazos mis limitaciones y susurrar una suave petición de ayuda en el abismo de mi dolor. Él es quien hace retroceder las nubes en las tormentas y ordena que cese la lluvia. ¡Oh, cómo confío en Él de manera más profunda y cercana de lo que jamás confié antes en Él! ¡Dios es demasiado sabio para cometer un error!

Qué gozo es estar en paz con quién eres y dónde estás en tu vida. Qué reconfortante es no tratar de ir contrarreloj con los amigos ni tratar de demostrarles algo a los enemigos. De todos modos, nunca cambiarás su opinión, así que cambia la tuya. ¡Quiero ser mejor, tener un mejor carácter, una mejor confianza y una mejor actitud! El deseo de ser más grande no te permitirá descansar, relajarte ni disfrutar de tu bendición. Sin embargo, el deseo de ser mejor te permitirá dar un paseo descalza por una playa desierta. Puedes sentarte en la arena, arrojar caracoles al agua y temblar cuando la marea suba demasiado. Cántale al viento una canción desafinada. Puede que no armonice, pero estará llena de terapia. De seguro que hay muchas cosas que no has hecho y muchas que te quedan por hacer. Aun así, ¿no es agradable suspirar, relajarse y solo darle gracias a Dios por las pequeñas cosas, las minúsculas, diminutas e insignificantes cosas, en las que sabes que Él te ha sacado adelante? Gracias a Dios por las pequeñas cosas.

PROPÓSITO ESENCIAL: Qué gozo es estar en paz con quién eres y dónde estás en tu vida. Qué reconfortante es no tratar de ir contrarreloj con los amigos ni tratar de demostrarles algo a los enemigos.

MOMENTO DE TRANSFORMACIÓN: Si estás orando: «Señor, hazme más grande», es probable que seas desdichada aunque ores. ¿Sabías que puedes orar y aun así ser desdichada? Cada vez que usas la oración para cambiar a Dios, que es perfecto, en lugar de usar la oración para cambiarte a ti misma, eres desdichada. ¡Deja de manipular a Dios! Deja de intentar aprender algo que puedas decirle a Dios para que haga lo que sabe que no estás preparada para soportar ni recibir. En su lugar, intenta orar esto: «Señor, hazme mejor». Admito que ser mejor es más difícil de medir y no tan perceptible a la vista. En cambio, lo mejor vencerá cada vez lo más grande. Recuerda, el más grande del Reino es siervo de todos.

Lo digo muy en serio, ora para que Dios te haga mejor. Ora para que Dios construya un fundamento profundo y un carácter sólido en ti.

NO PUEDES CAMBIAR LAS ETIQUETAS DE PRECIOS

Si permaneciere la obra de alguno que sobreedificó,
recibirá recompensa.

1 Corintios 3:14

M ucha gente quiere tener éxito, pero no todo el mundo se da cuenta de que el éxito se obtiene solo al final de una gran lucha. Si fuera fácil, cualquiera podría lograrlo. El éxito es la recompensa que Dios les da a los diligentes que, mediante la perseverancia, obtienen la promesa. No hay forma de recibir lo que Dios tiene para tu vida sin luchar contra los obstáculos y desafíos que bloquean tu camino hacia la conquista. Es más, las personas que lo dejan para después lo hacen porque están desesperadas por tratar de encontrar una manera de alcanzar la meta sin pasar por la lucha.

Cuando era pequeño, los niños solíamos cambiar las etiquetas de los precios de los artículos que no podíamos pagar. Pensábamos que no robábamos, pues sí pagábamos algo, solo que no era el precio real. Hoy en día, muchas personas tratan de hacer lo mismo en su vida espiritual. Intentan obtener un descuento en las promesas de Dios. Eso no da resultado en el Reino. Cueste lo que cueste, cuesta; no hay que cambiar las etiquetas de precio. Debes pagar tu propio camino. Tu pago te ayuda a apreciar las bendiciones cuando llegan, pues conoces el gasto. No pondrás en peligro el bienestar de algo que no es fácil de conseguir. El celo que se necesita para ser eficiente en el logro de una meta te hace subir los peldaños de la vida.

Las personas exitosas tienden a ser apasionadas que tienen un deseo intenso. Admito que hay muchas personas apasionadas que no tienen éxito. No obstante, si puedes enfocar la pasión en un propósito divino, tendrás éxito. Algunas personas nunca usan su deseo de manera positiva. En lugar de aprovecharlo y permitir que se convierta en la fuerza que utilizan para superar los obstáculos, se convierte en una fuente de frustración y cinismo. El éxito solo le llega a una persona que está comprometida con una causa o que tiene una pasión por conseguirlo. Se necesita más que una simple meditación caprichosa sobre un final especulativo. ¡Se necesita una tenacidad ungida para caminar por el suelo, pisar al diablo y superar las limitaciones que siempre rodean a lo que quieres hacer por tu Dios, por ti mismo y por tu familia!

PROPÓSITO ESENCIAL: No pondrás en peligro el bienestar de algo que no es fácil de conseguir. El celo que se necesita para ser eficiente en el logro de una meta te hace subir los peldaños de la vida.

MOMENTO DE TRANSFORMACIÓN: Si no tienes suficiente pasión, nunca tendrás la fuerza para superar las limitaciones y restricciones satánicas. El poder emerge del corazón de una mujer que está implacablemente impulsada hacia una meta. El deseo se enciende en el horno de la necesidad, una necesidad insatisfecha. Se trata de una necesidad que se niega a que la aplaquen y una necesidad que no callará. Muchas personas que se proponen alcanzar metas se desaniman con tanta facilidad, o se dejan intimidar por sus propias ansiedades, que renuncian a su derecho a luchar por sus sueños. No obstante, si hay un deseo ardiente y tenaz en la boca del estómago, es muy difícil desanimarse.

El quid de la cuestión es, en esencia, este: «¿Cuánto deseas ser bendecida?». ¿Qué tan fuerte es tu deseo de lograr algo en tu vida? Piensa y ora por esto hoy.

NO PERMITAS QUE LOS CELOS TE ARRUINEN

Entonces Jehová dijo a Caín: ¿Por qué te has ensañado, y por qué ha decaído tu semblante? Si bien hicieres, ¿no serás enaltecido? y si no hicieres bien, el pecado está a la puerta; con todo esto, a ti será su deseo, y tú te enseñorearás de él.

Génesis 4:6-7

E s asombroso cómo las relaciones se pueden perder a medida que viajas hacia arriba. A medida que subes los escalones hacia el propósito, se vuelve cada vez más difícil tener éxito sin que otros te encuentren ofensiva. Algunas personas encontrarán indigno tu éxito, seas o no arrogante. Se sienten ofendidas por lo que Dios hace por ti. A esas personas las llamo «los hijos de Caín». Te matarán porque tienes el favor de Dios. Cuidado con ellas. No se regocijarán contigo. No pueden alegrarse por ti, pues de alguna manera sienten que tu éxito fue a costa suya. Creen tontamente que tienes su bendición. Ninguna cortesía puede calmar un corazón celoso. No quieren pagar lo que pagaste, pero quieren tener lo mismo que tú.

Los hijos de Caín te invitarán a su campo para destruirte. Entonces, ¿debes estar a la defensiva? ¿Cómo puedes defenderte de la reacción de otra persona hacia ti? Luego, quedas presa de la paranoia. Es difícil ser precavido sin ser desconfiado y cínico. «¿No somos hermanos y hermanas?». Seguro que lo somos. Sin embargo, Jesús dijo: «*y los enemigos del hombre serán los de su casa*» (Mateo 10:36). Tu enemigo no te herirá porque está demasiado lejos. Para ser un buen Judas, ¡debe estar a la mesa con la víctima de su traición! ¿Quién se sienta a tu mesa?

Imagínate a Jesús, en el apogeo de su carrera ministerial, sentado a la mesa con Juan, el amado, a un lado y al otro con Judas, el traidor. El problema está en discernir quién es quién. Uno de los dos está lo bastante cerca como para apoyar la cabeza en tu pecho. El otro tiene suficiente acceso a ti para traicionarte con un beso. Ambos son íntimos, pero uno es letal. Sin embargo, en medio de esta dura y bastante sombría visión panorámica del éxito, debes depender del Señor para que guarde en tus manos lo que te encomiende, al menos hasta que se cumpla su propósito. Mantén tus afectos en el Dador y no en los dones. «Señor, ayúdanos a mantener nuestros ojos en las cosas que no cambiarán».

PROPÓSITO ESENCIAL: A medida que subes los escalones hacia el propósito, se vuelve cada vez más difícil tener éxito sin que otros te encuentren ofensiva.

MOMENTO DE TRANSFORMACIÓN: Mientras estés en la época de los pequeños comienzos, eres aceptable. La gente no siempre quiere que sigas adelante, sobre todo si percibe que avanzas más rápido que ella. O que recibes más favores y bendiciones. Por doloroso que sea que te critiquen las personas con las que estás en pacto, es mucho peor abandonar el rumbo que Dios tiene para ti solo por su aceptación. Como necesitas ser afirmada y entendida, en algún momento debes preguntarte: «¿Cuánto estoy dispuesta a perder para ser aceptada?». No dejes que esto te asuste ni que te ponga a la defensiva. En su lugar, mantén tus ojos fijos en Dios y en la comunión con los verdaderos amigos como Juan.

Hija, si te enfrentas a críticas y burlas, no dejes que esto te desvíe del rumbo. Entrega estos comentarios y juicios a Dios, y perdona a los que no te han elogiado.

CALCULA EL COSTO DE SER BENDECIDA

Su señor le dijo: «Bien, siervo bueno y fiel; en lo poco fuiste fiel, sobre mucho te pondré; entra en el gozo de tu señor».

MATEO 25:23 (LBLA)

Otra consideración del éxito es la siguiente: cuanto más tienes o posees, más responsabilidad tienes. Las personas que no tienen auto no necesitan gasolina. Con cada bendición hay una responsabilidad adicional. ¿Cuántas veces has orado por una bendición? Luego, cuando la recibiste, ¿te diste cuenta de que había condiciones que no consideraste en un principio? Para ser sincero, ser bendecido es un trabajo difícil. Todo lo que Dios te da requiere mantenimiento. Dios les dio a Adán y Eva el huerto, pero aún tenían que labrarlo. Hay un lado «negativo» en cada bendición. Por eso Jesús dijo: «*Nadie edifica sin calcular el costo*» (lee Lucas 14:28-30). Debes preguntarte si estás dispuesta a pagar el precio para obtener la bendición.

Con estas preguntas ya descartamos a la mitad de las personas que dicen querer algo del Señor. Eliminamos a todas las mujeres que dicen que quieren un esposo e hijos, pero no quieren cocinar, cuidar o limpiar. Eliminamos a todos los hombres que dicen que quieren una esposa, ¡pero no quieren amar, proveer y alimentar! La mayoría de las personas están enamoradas de la imagen del éxito, pero no han contemplado la realidad de poseer la bendición. Es bueno que Dios no nos dé todo lo que pedimos, pues queremos algunas cosas solo porque se ven bien en la vida de otra persona. La verdad es que no estamos preparados para esas cosas, y lo más probable es que nos mate recibir lo que no estamos preparados para mantener.

Creo que Dios inicia a sus hijos con lo que tienen, a fin de enseñarles coherencia según el nivel en el que se encuentran. Debe haber un crecimiento interior en tu capacidad para soportar las luchas que acompañan a las cosas que posees. Me alegra mucho que Dios me permitiera pasar por los días de estrés y rechazo llenos de dolor al principio de mi vida. Descubrí que si de veras quieres perseguir tu sueño, hay un lugar en Dios en el que desarrollas una inmunidad a la adversidad del éxito. Solo es una cuestión de supervivencia.

PROPÓSITO ESENCIAL: Debe haber un crecimiento interior en tu capacidad para soportar las luchas que acompañan a las cosas que posees.

MOMENTO DE TRANSFORMACIÓN: Hija, si siempre estás llorando por el rechazo y los malentendidos, si siempre estás molesta por quien ya no te acepta en sus círculos, es posible que estés sufriendo de un síndrome de inmunodeficiencia. Pierdes un tiempo precioso de comunión cuando le pides a Dios que cambie la opinión de la gente. No es la gente ni la presión lo que debe cambiar, eres tú. A fin de sobrevivir al estrés del éxito, debes desarrollar una inmunidad a las cosas que no cambiarán. Gracias a Dios que nos proporciona flexibilidad. Recuerda que no puedes cambiar las etiquetas de precio solo porque no te gusta el precio.

Mi oración constante es: «Señor, cámbiame hasta que esto ya no duela». Ora eso conmigo hoy.

AVIVA LAS ASCUAS Y ENCIENDE TU PASIÓN

Por lo cual te aconsejo que avives el fuego del don de Dios que está en ti por la imposición de mis manos.

2 Timoteo 1:6

Debido que fui pastor en los campos de carbón de Virginia Occidental, conozco las estufas de leña y carbón. Se puede conservar el fuego colocando cenizas a su alrededor. Así no se consumirá con tanta rapidez y durará toda la noche. En el gélido frío de la mañana no es necesario volver a encender el fuego, pues debajo de las cenizas hay ascuas carmesí esperando a que se aviven. Estas ascuas estallan en fuego cuando se agitan como se debe. Muchas personas han pasado por situaciones en las que han conservado su fuego. El fuego no está muerto, pero su ardor no es tan brillante como antes. Me alegro de que si tienes un deseo interno de sobrevivir o triunfar, solo necesitas que las ascuas de la pasión se aviven en tu vida.

Me encanta rodearme de personas que puedan avivar el fuego en mí. Algunas personas en el Cuerpo de Cristo saben con exactitud qué decir para encender el fuego en ti. Sin embargo, ¡nadie puede encender en ti lo que no posees! Si los vientos fríos de la oposición han aplacado el fuego y tu sueño se está extinguiendo, te desafío a que reavives tu deseo de lograr lo que Dios te ha llamado a hacer. No pierdas el fuego. Necesitas esa chispa continua por la excelencia, a fin de superar todas las lacras del ostracismo.

El fuego se manifiesta de dos maneras. En primer lugar, da luz. Siempre que mantengas tu fuego, produce la luz del optimismo contra la negrura de las crisis y las críticas por igual. Mientras mantengas esa actitud de fuego, encontrarás el modo de sobrevivir a la lucha. Una persona nunca muere con un brillo en los ojos. En segundo lugar, el fuego da calor. El calor no se puede ver, pero se siente. Cuando ardes con la pasión de sobrevivir, se puede sentir el calor. Invisible, pero eficaz, tu intensidad siempre se detecta en tu forma de hablar y tu actitud.

PROPÓSITO ESENCIAL: Me encanta rodearme de personas que puedan avivar el fuego en mí.

MOMENTO DE TRANSFORMACIÓN: Todo hombre y mujer de Dios también debe recordar que el fuego necesita combustible. Alimenta el fuego. Aliméntalo con las palabras de personas que te motiven. Aliméntalo con visión y propósito. Cuando llegue el estrés, aviva las llamas. Recoge la leña. Vierte gasolina si es necesario, ¡pero no lo dejes morir! Cuántas noches frías he calentado mis fríos pies con el fuego de mi más íntimo deseo de cumplir una meta para mi vida. Nadie sabe cuán calientes brillan las ascuas bajo las cenizas de la adversidad.

¿Está ardiendo tu fuego o se ha convertido en ascuas? Pídele al Espíritu Santo que te muestre cómo avivar las llamas. En especial, pídele que destaque a otras personas que avivan el fuego. Concéntrate en esas amistades mientras avanzas hacia tus metas.

EXCAVA EN BUSCA DE TU PROPIO ORO

Porque así como el cuerpo es uno, y tiene muchos miembros, pero todos los miembros del cuerpo, siendo muchos, son un solo cuerpo, así también Cristo.

1 Corintios 12:12

A veces, el solo hecho de ver a Dios bendecir a otra persona te da la fortaleza para reclamar la promesa que te ha dado Dios. No me refiero a la envidia, sino a una fuerte provocación para recibir. He aprendido a regocijarme por las bendiciones de mi hermano y a darme cuenta de que el mismo Dios que lo bendijo puede bendecirme a mí también. Si ver a otros bendecidos te hace querer sabotear su éxito, no serás fructífero. Las bendiciones de otras personas deben desafiarte para ver que se pueden lograr. No envidies las bendiciones de otras personas, solo pide las tuyas.

El éxito no se puede definir en términos generales; solo puede definirse según el propósito individual y la dirección divina. Si no entiendes este concepto, puedes tener grandes riquezas o fama, y a pesar eso no tener éxito. Te sorprendería saber cuántas personas ungidas en gran medida están atormentadas por la necesidad de evaluarse a sí mismas a la luz del llamado de otros. Tu tarea es excavar en busca de tu propio oro. Solo cultiva lo que te da el Señor. Es sencillo: Averigua lo que tienes para trabajar y, luego, ¡trabaja, trabaja, trabaja!

Siempre me preocupa que los cristianos no se manipulen entre sí tratando de que la gente adore sus talentos en lugar del propósito de Dios para sus vidas. ¿Cómo puede alguien conocerte lo bastante bien como para discernir si eres exitosa, aparte del Dios que te creó? En resumen, no hay forma de definir el éxito sin examinar el propósito. ¿Qué tenía en mente el inventor cuando concibió la máquina? Esa es la primera pregunta. La segunda pregunta es: «¿Logró el propósito para la que se creó?». No importa lo que elabore; si no satisfizo el mandato de su creador, no tiene éxito. Cuando otras personas distintas del Creador definen el éxito, se convierte en idolatría. Algunas personas quisieran que tú adoraras en el santuario de sus logros. Por supuesto, debes apreciarlas y alentarlas, pero no permitas que te manipulen.

PROPÓSITO ESENCIAL: El éxito no se puede definir en términos generales; solo puede definirse según el propósito individual y la dirección divina.

MOMENTO DE TRANSFORMACIÓN: Supongamos que tu corazón le dice a tus riñones: «A menos que bombeen sangre, no tendrán éxito». No importa que los riñones purifiquen la sangre que bombea el corazón. Sería una tontería que los riñones creyeran esa afirmación. ¡Dejaría de funcionar todo el cuerpo! Eso es lo que sucede cuando nosotros, como Cuerpo, ¡no mantenemos nuestra individualidad! Somos un cuerpo con muchas partes y muchos propósitos. Por eso es que el éxito piadoso solo puede definirse a la luz de tu propósito divino.

¿Sueles compararte con los demás o medir tu éxito con los suyos? Pídele al Espíritu Santo que te muestre dónde está tu oro y que reforme tu idea del éxito en función del diseño de Él para ti.

SI LO DESEAS, PAGA EL PRECIO

Porque a todo aquel a quien se haya dado mucho, mucho se le demandará; y al que mucho se le haya confiado, más se le pedirá.
Lucas 12:48

No todo el mundo puede lidiar con el éxito. Algunos prefieren la tranquilidad a la notoriedad. No les gustan las críticas y aborrecen la presión. En cambio, si eres el tipo de mujer que necesita con urgencia alcanzar la esperanza de su llamado, ve por él. Algunas personas nunca se conformarán con sentarse en el banco animando a otros que pagaron el precio por participar en el juego. Encerrada en su interior hay una intriga ambiciosa que no se basa en los celos ni en la intimidación. Se basa en una necesidad interna de desbloquear un propósito predestinado. Para ellas, eso no importa. Los tiempos inflacionarios pueden aumentar el precio de sus sueños, pero sea cual sea el costo, se ven obligadas, atraídas y casi llevadas hacia una esperanza.

Muchas personas se sienten atraídas hacia su destino con tal fuerza y persuasión que, sin importar lo que cueste, lo que deban reajustar o lo que deban disciplinar, solo tienen que responder a los desafíos de la vida. Ni letales ni peligrosas, solo se mueven con ímpetu hacia un propósito. En cuanto a mí, no tengo miedo de morir; no tengo tanto miedo de irme como de no vivir primero. Lo que me aterra por completo es la idea de quedarme al lado de la vida como un avaro que anhela un determinado artículo, pero está demasiado paralizado por su incesante miedo al gasto como para comprarlo. Si lo quieres, paga el precio.

Lo confieso, he llorado enormes lágrimas saladas. He sentido las amargas punzadas del rechazo y la crítica. Admito que ha habido momentos en los que he apartado mis preocupaciones para dormirme en medio de la noche. Advierte todo esto y entiende que aún no he visto un solo día en el que me arrepienta de la decisión de seguir mi curso.

PROPÓSITO ESENCIAL: En cuanto a mí, no tengo miedo de morir; no tengo tanto miedo de irme como de no vivir primero.

MOMENTO DE TRANSFORMACIÓN: No importa qué tan lejos ni qué tan rápido corras en comparación con otros. No importa si ganas trofeos o recibes grandes elogios. Lo que importa es que extiendas las piernas y corras con el viento. Solo es tu sombra contra la que corres. Tu propio destino es el que sigues a grandes zancadas. No dejes que el miedo te detenga. No dejes que otras personas te desanimen. Corre tu carrera como la poderosa mujer de Dios que eres en realidad. Vivir sin arrepentimientos. Sé una mujer con propósito.

¿Cuál es tu mayor temor? ¿Tienes más miedo a morir o a no vivir plenamente? Pídele a Dios que te muestre cualquier temor u obstáculo que se interponga en el camino de tu carrera. Asóciate con Él para eliminar todos los obstáculos y corre tu carrera.

¡VE A ROMPER LA LÍNEA DE META!

Por tanto, nosotros también, teniendo en derredor nuestro tan grande nube de testigos, despojémonos de todo peso y del pecado que nos asedia, y corramos con paciencia la carrera que tenemos por delante.

HEBREOS 12:1

Me han dicho que los corredores de fondo dan zancadas largas y constantes, y que su énfasis está en la resistencia, no en la velocidad. Dan sus vueltas y reducen sus limitaciones, entregándose a dedicarle su fuerza a una meta. Al tomar las curvas con agilidad, los zapatos para correr golpeando el pavimento, la cabeza erguida, la espalda recta, van en pos de una meta. Me han dicho que cuando se acercan a la línea de meta, hay un estallido final de energía que se activa como en los cilindros de un motor. Es la última vuelta; no hay excusas; es ahora o nunca. ¡Ahora van a por todas!

Al menos una vez, antes de que te suban a una camilla en la morgue y te pongan una etiqueta con tu nombre en el frío y rígido dedo del pie, le debes a tu Dios y a ti mismo experimentar en algún aspecto de tu vida ese último sentimiento de darlo todo. Sin embargo, quiero advertirte que duele esforzarse. No es fácil levantarse temprano todas las mañanas mientras otros duermen y prepararse para el desafío. Como Jesús en el huerto de Getsemaní, es difícil encontrar a alguien que esté contigo mientras te preparas. Aun así, no puede haber celebración sin preparación.

La pregunta es universal, pero la respuesta es individual por completo. ¿Puedes resistir ser bendecida? Si tu respuesta es sí, quiero decirte esto: ¡La única manera de ser bendecida es ponerte de pie! Cuando parezca que no puedes poner un pie delante del otro, párate. Cuando vengan los días que desafíen tu destino, solo ponte de pie. Date cuenta de que nunca ha habido un día que durara para siempre. No puedes permitirte el lujo de postrarte débil y llorosa como un lirio arrastrado por una tormenta de viento. Muérdete el labio, saborea tus lágrimas, pero permanece firme en lo que Dios te mostró en la noche hasta que suceda en la luz.

PROPÓSITO ESENCIAL: ¡La única manera de ser bendecida es ponerte de pie! Cuando parezca que no puedes poner un pie delante del otro, párate. Cuando vengan los días que desafíen tu destino, solo ponte de pie.

MOMENTO DE TRANSFORMACIÓN: Si después de calcular el rechazo, la controversia, la crítica y el aislamiento todavía lo quieres, comprende que no puedes soportar el dolor de una cruz a menos que tengas ante ti algo más importante que el dolor que sufres en el proceso. Tu propósito vale cualquier costo. No te detengas antes de llegar a la meta. Da todo lo que hay en ti para correr tu carrera. Recuerda, no corres sola, hija. Una gran nube de testigos te está animando (lee Hebreos 12:1). Mira a Jesús, el Autor y Consumador de tu fe (lee Hebreos 12:2). Desarrolla la resistencia de la fe y los músculos de la perseverancia para que también consigas el oro.

¿Qué te mostró Dios en la noche? Recuerda las cosas hacia las que corres, las promesas de Dios para ti en lo personal. Déjalas que te impulsen a seguir corriendo hoy.

EL PREMIO MÁS ALLÁ DE LA LÍNEA DE META

¿No sabéis que los que corren en el estadio,
todos a la verdad corren, pero uno solo se lleva el premio?
Corred de tal manera que lo obtengáis.

1 Corintios 9:24

Mientras corres tu carrera en esta tierra, debe haber algo que supere el logro de un objetivo. Muchas personas se pasan la vida entera tratando de alcanzar una meta. Cuando por fin la consiguen, se siguen sintiendo vacías e insatisfechas en secreto. Esto sucederá incluso en la búsqueda de metas y éxitos piadosos si es que no vamos más allá del simple logro de una búsqueda ambiciosa. En resumen, ¡el éxito no salva! ¿Por qué, entonces, Dios pone en los corazones de sus hombres y mujeres el deseo de alcanzarlo si Él sabe que al final esto es, como Salomón lo expresó de manera tan acertada: «Vanidad de vanidades [...] todo es vanidad» (Eclesiastés 12:8)? ¡Puede ser que los que hemos logrado algo de eficacia debemos dar un giro en el camino y comenzar a adorar a Dios más allá de la meta!

Un corredor se entrena para lograr un objetivo. Ese objetivo, en última instancia, es romper la cinta, la marca del éxito. Después de romper la cinta, si no hay un premio más allá de la meta, la carrera parece en vano. Ningún corredor emprendería una carrera y, luego, recibiría la cinta rota como símbolo de su éxito. Al final de la carrera hay un premio que no tiene que ver con la carrera en sí misma, un trofeo que solo se le puede entregar a quien alcanza la cima del logro. Lo que debemos entender desde lo más profundo de nuestra mente mientras ascendemos hacia el propósito de Dios es que se bendice a Dios cuando alcanzamos aquello para lo que nos crearon. Lo que perseguimos es su propósito eterno. Sin embargo, solo podemos ser bendecidos por el Dios detrás del propósito. Si construimos una gran catedral para el Señor y no conmovemos al Dios para quien es la catedral, ¿de qué sirve el edificio aparte de Dios?

PROPÓSITO ESENCIAL: ¡Puede ser que los que hemos logrado algo de eficacia debemos dar un giro en el camino y comenzar a adorar a Dios más allá de la meta!

MOMENTO DE TRANSFORMACIÓN: Hay un premio más allá de la línea de meta. Cuando construimos en este mundo, en realidad se está realizando una obra del Reino eterno en nuestras vidas. Dios está con nosotros y para nosotros, y a medida que logramos nuestro propósito único, llega su Reino eterno. Si construimos con nuestras propias fuerzas para nuestra propia gloria, no hay un propósito divino. Ahí es cuando nos sentimos como Salomón, vacíos al final. Incluso los mayores logros no te satisfarán sin la presencia de Dios. En cambio, cuando ves a Dios sosteniendo un trofeo gigante, parado al final de tu carrera, no puedes dejar de alabarlo. Él nos creó para lograr y construir, pero debe ser para su gloria y para su propósito en nuestras vidas.

¿Qué estás construyendo ahora mismo? ¿Ves los propósitos eternos de Dios detrás de tus esfuerzos?

NECESITAS PRESENCIA Y PROPÓSITO

Después oí la voz del Señor, que decía: ¿A quién enviaré, y quién irá por nosotros? Entonces respondí yo: Heme aquí, envíame a mí.

Isaías 6:8

¿Por qué siempre somos tan extremistas? Algunos nos pasamos toda la vida sin hacer nada en lo absoluto por el Señor. Estamos siempre en su presencia, alabando su nombre, pero no logramos nada con relación a su propósito. Isaías estaba en la presencia de Dios a tal grado que la gloria del Señor llenó el templo como unas faldas, y los quiciales de la puerta se estremecieron (lee Isaías 6:1-4). Sin embargo, hubo un tiempo en el que Dios lo envió desde su presencia para cumplir su propósito. Como un águila agita su nido, Dios debe desafiarnos a dejar los lugares conocidos y llevar a cabo el futuro incierto de poner en práctica la totalidad de lo que hemos aprendido en la presencia del Señor. El sacerdote fue al Lugar Santísimo para ver la gloria del Señor, pero la obra del Señor debía realizarse fuera del lugar velado de la consagración secreta. Como dijo Isaías: «Heme aquí, envíame a mí» (Isaías 6:8), ¡pasa de la glotonería de acumular el tesoro a ser un recipiente que puede usar Dios!

El otro extremo es igual de peligroso, si no más. ¿Qué nos hace pensar que podemos hacer la obra del Señor y nunca pasar tiempo con el Señor de la obra? ¡Nos fatigamos cuando no mantenemos el fuego fresco ardiendo dentro! Necesitamos el tipo de fuego que proviene de dejar toda la obra y decirle al Señor: «Necesito mi tiempo contigo». ¿De qué sirve romper la línea de meta si no vas más allá de ese momento temporal de engrandecimiento propio para recibir una valiosa recompensa? El logro no es suficiente recompensa, pues una vez alcanzado, deja de ser atractivo.

PROPÓSITO ESENCIAL: Como un águila agita su nido, Dios debe desafiarnos a dejar los lugares conocidos y llevar a cabo el futuro incierto de poner en práctica la totalidad de lo que hemos aprendido en la presencia del Señor.

MOMENTO DE TRANSFORMACIÓN: En este contexto, no es todo o nada, es ambas cosas y más. La presencia de Dios es el capullo donde recibimos identidad y propósito. El gozo pleno y la vida abundante están en Él. Entonces, es hora de volar, es hora de construir. Al igual que esa amorosa águila, el Padre Dios te echará del nido. Quiere verte volar, pues sabe que puedes hacerlo y sabe lo glorioso que será. Por otro lado, si vuelas con tus propias fuerzas y no consigues atrapar el viento de su presencia, te agotarás. Nos crearon para volar con Dios. De ahí viene tu fuerza.

¿Te encuentras en uno de estos extremos? Pídele a Dios que te eche del nido o pídele que te atrape de nuevo con el viento de su presencia.

SOLO ÉL PUEDE SATISFACER

Todo aquel que lucha, de todo se abstiene; ellos, a la verdad, para recibir una corona corruptible, pero nosotros, una incorruptible.
1 Corintios 9:25

Después de alcanzar una meta, no continuamos celebrando lo que ya logramos. Dado que la belleza del momento pronto se desvanece y uno se encuentra otra vez buscando una nueva conquista, debe haber algo más allá de un simple logro de metas y del establecimiento de nuevas metas. Te sorprenderías de la cantidad de pastores y líderes en todo este país que corren sin freno de una meta a la otra sin sentirse nunca satisfechos por sus logros. Lo que es peor aún es el hecho de que otros hombres y mujeres a menudo envidian y a veces odian a estos ministros, pues les encantaría tener lo que han alcanzado ellos. Sin embargo, estos mismos seres amados no pueden ver su propio valor. Nadie sabe que a estas celebridades espirituales la impulsan en gran medida la necesidad de tener logros sin que nunca se satisfagan. Es la forma más cruel de tortura estar muriendo en secreto por el éxito que envidian otros.

La liberación viene a fin de que puedas entrar a la presencia de Dios para recibir restauración. La restauración significa reconstruirse, reabastecerse. Solo Dios puede devolverte lo que te quitó el esfuerzo. ¿Volverás a luchar por una meta? ¡Sí! Tienes que esforzarte, pero no necesitas la obsesión que eso puede crear. Nunca habrá nada que Dios te dé para hacer que sustituya lo que te dará la propia presencia de Dios. Nunca desarrollarás tu autoestima cumpliendo metas, pues al igual que en el caso de mis gemelos, una vez que lo hiciste, ¡está hecho! Ninguna afirmación duradera proviene de una montaña que se escaló. Solo Cristo puede salvarte, afirmarte y hablar sobre lo que sientes por ti misma.

PROPÓSITO ESENCIAL: Nunca habrá nada que Dios te dé para hacer que sustituya lo que te dará la propia presencia de Dios.

MOMENTO DE TRANSFORMACIÓN: Las alabanzas de hombres y mujeres caerán en el abismo de un corazón herido. Cuando tienes una grieta, todo lo que hay en ti se escapará. Deja que Dios lo arregle. Tu trabajo no puede hacerlo. El matrimonio no puede hacerlo. Los niños no pueden hacerlo. Otro título de posgrado no puede hacerlo, ¡pero Dios sí puede! ¡Es el médico especializado en cirugía reconstructiva! En su presencia es donde te renuevas y restauras. Es donde escuchas su voz diciendo la verdad que lo transforma todo. No puedes correr de una cosa a otra, sin tomar nunca el tiempo para recibir su aliento y llenarte de su amor por ti.

Esta mañana, no te apresures a la siguiente cosa. Dedica un tiempo para quedarte en su presencia. Pídele que llene cada lugar vacío de tu corazón. Deja que esta obra de transformación continúe en tu corazón. ¡Y recuerda la hermosa y colorida mariposa en la que te estás convirtiendo!

EL TIMBRE INTERIOR

Los veinticuatro ancianos se postraban ante él y adoraban al que vive por los siglos de los siglos. Y deponían sus coronas delante del trono exclamando: «Digno eres, Señor y Dios nuestro, de recibir la gloria, la honra y el poder, porque tú creaste todas las cosas; por tu voluntad existen y fueron creadas».

APOCALIPSIS 4:10-11 (NVI®)

Hay un lugar en la presencia de Dios donde las coronas pierden su brillo. Hay un lugar donde los elogios de los hombres resultan impertinentes y fuera de tono. Hay un lugar donde todos nuestros monumentos de grandes logros parecen piedras polvorientas recogidas por niños aburridos que no tenían nada mejor que coleccionar. Hay momentos en los que cambiamos el éxito por el consuelo. En Apocalipsis, veinticuatro ancianos cambiaron sus coronas de oro, incrustadas de joyas, por un momento lleno de lágrimas en presencia de un Cordero manchado de sangre. Muchas personas maravillosas están sufriendo con su éxito debido a que no pueden discernir cuándo arrojar sus coronas y solo adorar.

Nosotros, como cristianos, alcanzamos la plenitud cuando llegamos al punto de llevarle al Señor todo lo que tenemos y adorarle al otro lado del logro. Esta necesidad de devolver una respuesta al Remitente es tan instintiva como contestar un teléfono que suena. Hay un timbre en el corazón de un creyente que requiere una respuesta. ¿Por qué contestamos un teléfono? Lo hacemos por nuestra insaciable curiosidad por saber quién llama. Él nos llama. Su timbre ha sonado a través de nuestros triunfos y conquistas. Un sonido profundo en lo más recóndito de un corazón vuelto hacia Dios sugiere que hay una relación más honda al otro lado de la bendición. A pesar de lo maravilloso que es ser bendecido con promesas, todavía hay un delicado timbre que sugiere que el Bendecidor es mejor que la bendición. Es un timbre que mucha gente pasa por alto. El ruido del bullicioso y estruendoso sonido de la supervivencia puede ser ensordecedor. ¡Debe haber un grado de espiritualidad para poder escuchar y responder al timbre interior del llamado de Dios!

PROPÓSITO ESENCIAL: Un sonido profundo en lo más recóndito de un corazón vuelto hacia Dios sugiere que hay una relación más honda al otro lado de la bendición.

MOMENTO DE TRANSFORMACIÓN: Cuando llegues a la presencia de Dios y su unción, arroja tus coronas y dobla tus rodillas. Puedes soltarlas y, aun así, no perderlas. Al igual que los veinticuatro ancianos de Apocalipsis, debes aprender a cambiar un monumento por un momento. La verdadera recompensa que debes buscar solo la puede pagar el que te empleó: Dios mismo. Verás, los veinticuatro ancianos sabían que habían recibido resultados y recompensas, pero el verdadero mérito era para el Señor. Fueron lo bastante sabios como para no impresionarse demasiado con su propio éxito. Siempre supieron que era de Dios. Cuando aprendas a devolverle la gloria a Dios, ¡te sentirás satisfecha en su presencia y no te sentirás frustrada al adorar sus dones!

¿Dedicarás un momento para entrar en su presencia en adoración hoy? Pon tus coronas a sus pies y contempla su hermoso rostro.

NO IMPORTA HASTA DÓNDE TE LLEVE DIOS, NO PIERDAS EL EQUILIBRIO

Humíllense, pues, bajo la poderosa mano de Dios, para que él los exalte a su debido tiempo.

1 Pedro 5:6 (nvi®)

Tengo una pregunta que me gustaría que reflexionaras. ¿Qué hace que un conocedor de los buenos restaurantes deje los ambientes elegantes y aristocráticos, y la suculenta cocina de la comida *gourmet*, a fin de pasar por una hamburguesería en busca de un sándwich y papas fritas? Se acabó el tiempo. He aquí la respuesta. Cada uno de nosotros tiene dentro una necesidad de equilibrio y un sentido de normalidad. Es muy importante que equilibremos nuestros campos de especialización con el simple humanismo cotidiano. Comencé a predicar en las circunstancias más adversas. No creo que supiera de veras lo adversas que eran porque no tenía nada con qué compararlas. Pasé de dormir en la habitación de un niño de la casa de alguien a las suites de un ático. Recuerdo haber ministrado en iglesias donde las finanzas no permitían una habitación de hotel ni siquiera una verdadera habitación de huéspedes. El evangelista se quedaba con el pastor, y casi siempre el pastor tenía una casa llena de niños. Uno de estos niños de ojos brillantes tendría que ceder su habitación para acomodar al hombre de Dios. Todavía oro por esas familias que dieron lo que tenían para hacerme sentir lo más cómodo posible. Se los agradezco sinceramente.

Imagínate a mí, de casi dos metros de altura y más de ciento veintisiete kilos, durmiendo en una cama con dosel diseñada para una niña de diez años con lazos en el pelo. Todavía me rio a carcajadas cuando me imagino sacando una extremidad tras otra de la cama, ¡tratando de encontrar un lugar para dormir! Por lo general, ahora tengo excelentes alojamientos. Dios me ha bendecido con la posibilidad de ejercer mi ministerio en entornos que pueden acomodarse mejor a las necesidades que tengo y apoyar a mi familia, lo cual es una gran bendición. A pesar de toda esta mejora, en ocasiones sigo procurando salir del ambiente bien aislado de un establecimiento de primera. Voy en busca de un lugar pequeño, del tipo «hazte un hueco», y después vuelvo a mi suite con algo de comida casera, ¡y es probable que con más grasa de la que podría correr en un año!

El equilibrio ayuda a evitar las caídas. No garantiza que no te vayas a caer, pero te protege contra esa posibilidad. Nunca pierdas el equilibrio, te ayudará a ser una persona y no solo una personalidad.

PROPÓSITO ESENCIAL: El equilibrio ayuda a evitar las caídas. No garantiza que no te vayas a caer, pero te protege contra esa posibilidad.

MOMENTO DE TRANSFORMACIÓN: Creo que la gente necesita ver que Dios usa, como escribió mi amiga Danniebelle, a la «gente común». Si eso no fuera cierto, ¿a quién usaría? La gente común que tiene llamamientos extraordinarios está a la orden del día en esta época. Verás en esta era a Dios levantando a los David al frente, no a los que son como Saúl. Él levantará a hombres y mujeres que no parecen reyes. Cuando tengas tu corona, no la uses para menospreciar a las personas que te necesitan. En su lugar, arrójala a los pies del Señor, quien es el Dador de los dones, así como el Premio preferido de todo lo que Él da. ¿Alguna vez has perdido el equilibrio?

Dedica un momento para recordar lo lejos que has llegado con el Señor. Si crees que aún te queda un largo camino por recorrer, no temas, Dios usa a personas comunes, ¡como tú y como yo!

LA ORACIÓN MÁS IMPORTANTE

Vosotros, pues, oraréis así: Padre nuestro que estás en los cielos, santificado sea tu nombre. Venga tu reino. Hágase tu voluntad, como en el cielo, así también en la tierra. El pan nuestro de cada día, dánoslo hoy. Y perdónanos nuestras deudas, como también nosotros perdonamos a nuestros deudores. Y no nos metas en tentación, mas líbranos del mal; porque tuyo es el reino, y el poder, y la gloria, por todos los siglos. Amén.
Mateo 6:9-13

Los discípulos le pidieron al Señor que les enseñara a orar. Habían notado que la oración era el timón que hacía girar el barco hacia los vientos del destino. Cuando Jesús enseñó sobre la oración, nos mostraba cómo conducir el barco de la vida a través de los vientos violentos de la adversidad. Si podemos seguir la «manera» de la oración, podemos seguir el curso de la vida.

A fin de orar con eficacia, debemos conocer la persona de Dios. Por eso Él dijo: «Padre nuestro». Esto establece la base de la relación que tenemos con Dios. Él es más que un simple Creador. Es nuestro Padre. Podemos crear algo y no estar relacionados con esto, pero si lo engendramos, una parte de nosotros siempre estará en las cosas que engendramos. Así que debo saber que estoy relacionado con Dios y no solo creado por Él. «Que estás en los cielos» se refiere al hecho de que el Dios con el que estoy relacionado es el Gobernante del universo. Está sentado en el círculo de la tierra. La Biblia nos enseña que el cielo es el trono de Dios. Entonces, cuando decimos, «que estás en los cielos», proclamamos la soberanía absoluta de nuestro Padre. En efecto, declaramos: «No solo eres mi Padre, sino que también estás calificado de manera única para responder a mi oración. Estás relacionado conmigo y tienes el poder de actuar». Esta frase apunta de forma directa a la posición de Dios. Ahora, conociendo la persona y la posición de Él, vamos a alabarlo.

«No me avergüenzo de alabarte porque conozco el alcance de tu autoridad. Aprovecho este tiempo para acercarme a ti como es debido. *"Santificado sea tu nombre"*. Casi me olvido de que el hecho de que seas mi Padre, mi "Abba", eso no me da derecho a faltarle al respeto a tu posición como Gobernante en el cielo y la tierra. Así que "santificado sea tu nombre" me recuerda que debo entrar por tus puertas con acción de gracias y por tus atrios con alabanza». (Lee el Salmo 100:4). La alabanza atraerá la mirada de Dios. Llamará su atención. Te desafío a que aprendas a alabar su nombre. Cuando alabas su nombre, alabas su carácter. Él está «por encima de todo». ¡Él es santo!

PROPÓSITO ESENCIAL: Cuando Jesús enseñó sobre la oración, nos mostraba cómo conducir el barco de la vida a través de los vientos violentos de la adversidad.

MOMENTO DE TRANSFORMACIÓN: Los discípulos habían notado que de vez en cuando Jesús desaparecía de la multitud. Se alejaba y llenaba sus brazos con la presencia de su Padre acogiéndolo para influir en la gente y en nosotros más tarde. Cuando se enteraron de que el arma secreta del éxito público solo era la oración antigua, le pidieron que les enseñara también. No se trata de libros, cintas ni vídeos; solo de gemidos y lamentos en los altares llenos de incienso del Cielo. En respuesta a su petición, Jesús les enseñó a sus discípulos a orar Mateo 6:9-13, por lo que debe ser una oración importante. Debería ser una de nuestras oraciones esenciales.

Ora Mateo 6:9-13 en voz alta hoy. Concéntrate en los primeros versículos sobre quién es Dios, Gobernante en el cielo y en la tierra, Gobernante de tu vida. Eleva su nombre hoy sobre cada situación.

LA ORACIÓN MÁS IMPORTANTE (CONTINUACIÓN)

Vosotros, pues, oraréis así: Padre nuestro que estás en los cielos, santificado sea tu nombre. Venga tu reino. Hágase tu voluntad, como en el cielo, así también en la tierra. El pan nuestro de cada día, dánoslo hoy. Y perdónanos nuestras deudas, como también nosotros perdonamos a nuestros deudores. Y no nos metas en tentación, mas líbranos del mal; porque tuyo es el reino, y el poder, y la gloria, por todos los siglos. Amén.
MATEO 6:9-13

Hoy continuaremos con esta oración de Mateo 6:9-13. Es la oración que todos necesitamos para dirigir los barcos de nuestra vida hacia los planes y propósitos de Dios.

En la última meditación, repasamos el primer versículo sobre quién es Dios y cómo elevar su nombre con alabanza. Cuando suben las alabanzas, descienden las bendiciones. Entonces, aquí viene la lluvia de poder. «Venga tu reino» libera la lluvia del poder de Dios. La alabanza hará que el mismo poder de Dios descienda en tu vida. Sin embargo, ¿de qué sirve el poder sin propósito? Así Jesús les enseñó a los discípulos: «Hágase tu voluntad, como en el cielo, así también en la tierra». Eso es un paso más allá del poder al propósito. Ahora el propósito de Dios llega a tu vida. ¿Alguna vez has pasado por un momento en el que Dios comenzó a mostrarte su propósito en tu vida? ¡No puedes tener éxito sin propósito!

«*El pan nuestro de cada día*» trata de las provisiones que descienden del Cielo. Esto es más que una oración; es una indicación divina. Después de recibir el poder en tu vida, llegas a comprender el propósito. Nunca temas; si conoces tu propósito, Dios liberará las provisiones. Entonces, las provisiones que no pudiste alcanzar en una etapa de tu vida, de repente caen como una llovizna matutina en otra etapa de tu vida.

No hay nada como las provisiones para darte la gracia de perdonar. Es más fácil perdonar cuando descubres que tus enemigos no impidieron que cayera la bendición. Aquí Jesús les enseña a sus discípulos a orar por la penitencia de un corazón perdonador. «Perdónanos nuestras deudas, como también nosotros perdonamos a nuestros deudores». Así que la penitencia también desciende del trono. Por último, Jesús nos enseñó a buscar la liberación del mal. Ora por los problemas que todavía existen en cada etapa y, lo que es mejor aún, ¡en cada éxito en la vida!

PROPÓSITO ESENCIAL: ¡No puedes tener éxito sin propósito! Y nunca temas; si conoces tu propósito, Dios liberará las provisiones.

MOMENTO DE TRANSFORMACIÓN: Si te criaste en la iglesia, es probable que hayas hecho esta oración de Mateo 6:9-13 cientos de veces. Los niños pequeños la aprenden en las clases de la Escuela Dominical de todo el mundo. A veces, algo se vuelve tan conocido que olvidamos el significado de las palabras que hay detrás. Me tomé el tiempo de dividir la oración que les enseñó Jesús a sus discípulos, pues deseo que entiendas de veras cómo orar. Deseo que sepas lo que comunica cada palabra. Jesús basó su ministerio en la voz del Padre. Ni siquiera comenzó su ministerio hasta que el Padre habló sobre Él. Luego, se apartaba a menudo de la multitud para orar, para comunicarse con su Padre.

Así es que debemos vivir la vida, conectados a cada momento con Dios. Permite que esta oración penetre en lo más profundo de tu corazón. Cada palabra y frase es clave para conectarte con tu Padre.

EL MOMENTO DECISIVO

Porque tuyo es el reino, y el poder, y la gloria,
por todos los siglos. Amén.

MATEO 6:13

Después del breve análisis de la progresión del creyente a través de esta preciosa oración que les enseñó Jesús a sus discípulos, pasemos al verdadero punto: el punto decisivo. Dios quiere que recibas todos los grandes éxitos y elogios que prometió en su Palabra, pero una vez recibidos, debes ir más allá para entrar en un nivel de comprensión. Ninguno de estos éxitos es tan importante ni valioso como pensabas en un inicio. En esta etapa de la vida comienzas a reevaluar lo que llamas éxito. Dios recibe la gloria cuando Él puede darte cualquier cosa, y tú puedes apartarte de todo lo que te ha dado y seguir diciendo desde tu corazón: «Señor, no he encontrado nada tan amado para mí como tú. Mi mayor tesoro es la seguridad de tu divina presencia en mi vida. Te lo doy todo a ti. "Porque tuyo es el reino"; sí, sé que acabo de orarlo, pero aquí está. Te lo devuelvo. Espera un minuto, Señor. Quiero decir algo más. "Y el poder". Puedes tener eso también. Ah, y sobre toda esa gloria que he estado recibiendo, ¡es tuya también! ¿Qué? ¿Quieres saber hasta cuándo? Por los siglos de los siglos. ¡Así es! ¡Amén!».

Cualquier otro aspecto de la creación que recibe algo, se lo devuelve a Dios. Los dorados campos de maíz del Medio Oeste devuelven semillas después que los cielos envían las lluvias. El zumbido de la abeja ocupada llena el aire con el testimonio del polen que tomó de la lila y de la rosa, pero lo devuelve en la dulzura de la miel que repleta el panal. Todos los reinos menores le dan a un reino mayor. El reino mineral le da fuerza al reino vegetal. El reino vegetal lo consume el reino animal. Todo llega al punto de restitución. ¿Qué tan fuerte puede crecer un manzano sin llegar al punto en el que necesita devolver las manzanas a la tierra en la que creció?

PROPÓSITO ESENCIAL: Dios recibe la gloria cuando Él puede darte cualquier cosa, y tú puedes apartarte de todo lo que te ha dado y seguir diciendo desde tu corazón: «Señor, no he encontrado nada tan amado para mí como tú».

MOMENTO DE TRANSFORMACIÓN: En la vida de cada persona debe llegar el punto decisivo. Sin este, puedes recibir todo ese poder, propósito, provisión y penitencia, superar los problemas, pero aun así estar consumido. Si no reconoces y alabas a Dios, todos tus logros perderán su brillo con rapidez. No hay verdadero gozo fuera de la comunión con tu Creador. Jesús maldijo la higuera, pues absorbió su agua y floreció en su sol, pero después de todas esas bendiciones, no había podido llegar al punto de devolver un higo. Nos crearon para recibir y devolver alabanzas de corazón.

Haz esta oración una vez más conmigo y dale de veras a Dios toda la gloria, el honor y la alabanza por cada logro de tu vida (Mateo 6:9-13).

CAMINA HACIA TU MILAGRO

Y alzaron la voz, diciendo: ¡Jesús, Maestro, ten misericordia de nosotros!
LUCAS 17:13

Nadie puede escuchar como lo hace el Señor. Él puede escuchar el grito desesperado de alguien que ya no tiene nada que perder. No se me ocurre ninguna ilustración mejor que la de los diez leprosos en la Biblia (lee Lucas 17:11-19). Estos hombres sumamente angustiados y afligidos estaban sepultados por la prisión de sus propias limitaciones. Sin importar quiénes fueron antes, ahora eran leprosos, separados y expulsados de sus amigos y familiares. Como todos los grupos aislados, su único refugio estaba en la compañía de los demás. El dolor une a extraños compañeros de cama. Diez hombres apiñados a un lado del camino escucharon que Jesús pasaba por allí. Lo más aterrador que podría suceder en la vida de cualquier persona dolida es que Jesús solo pasara de largo. Estos hombres, sin embargo, aprovecharon el momento. Se arriesgaron... y clamaron a Él.

Cuando los diez gritaron, Él respondió. Les dijo que fueran a mostrarse al sacerdote. Así caminaron hacia una meta. Caminaron paso a paso. No sé qué paso polvoriento en el camino fue el que les trajo la limpieza de su lepra. Sin embargo, en algún lugar entre las palabras de Jesús y el momento en que fueron al sacerdote, entraron en la mayor experiencia de sus vidas. Donde había carne blanca, supurante e incrustada, había una nueva piel tan clara como la de un bebé. Eso es lo maravilloso de conocer a Jesús: Él quita las viejas y feas cicatrices del pecado, y deja la novedad y los nuevos comienzos.

Diez hombres caminaban como senderistas por el costado del camino sin nada más que una palabra de Dios. Debajo de la turbación de sus cansados pasos, Dios realizó un milagro. Su sanidad significó mucho más que una simple curación física de la lepra. Cuando Jesús los sanó, les devolvió la dignidad. Les devolvió su potencial para casarse. Les devolvió a su comunidad. Por lo tanto, el éxito influye en todos los ámbitos de la vida. Diez hombres, riendo como niños, se quitaron sus ropas, mostrándose alegremente unos a otros su carne recién restaurada. Tenían mucho que hacer, mucho que planear. El día parecía mejor y el sol mucho más brillante. Tal vez flotaran sobre el camino.

PROPÓSITO ESENCIAL: Eso es lo maravilloso de conocer a Jesús: Él quita las viejas y feas cicatrices del pecado, y deja la novedad y los nuevos comienzos.

MOMENTO DE TRANSFORMACIÓN: ¿Alguna vez has tenido un momento en tu vida que te empujara a tomar una decisión radical, en la que clamaras a Jesús como estos hombres desesperados? Cuando clamaron, no hubo chispas, relámpagos ni truenos, pero el poder de sus palabras los llevó al reino de los milagros. Se transformaron a medida que obedecían el mandato de un Salvador a quien llamaron a unos pocos kilómetros atrás en el camino polvoriento donde todos los milagros se llevaron a cabo. Al echar un vistazo debajo de sus ropas, revisaron los puntos que alguna vez estuvieron afectados, se reían al viento mientras la realidad de su liberación se hacía aún más real con cada paso que daban.

Tal vez, como sucede con la mayoría de la gente, no es un solo paso lo que te lleva al éxito, sino el de avanzar con mucho esfuerzo en medio de obstáculos e inseguridades es lo que trae el resultado de las oraciones respondidas y de los milagros realizados.

DEVUÉLVELO AL REMITENTE

Toda buena dádiva y todo don perfecto desciende de lo alto, del Padre de las luces, en el cual no hay mudanza, ni sombra de variación.

SANTIAGO 1:17

D e los diez leprosos, uno comenzó a quedarse atrás mientras sus nueve amigos se reían y celebraban su victoria. A él le faltaba algo. No es que le faltara aprecio por su sanidad; solo era una sensación molesta de que este gran momento estaba incompleto de alguna manera. Se le dijo que fuera a mostrarse al sacerdote. Sin embargo, quizás el verdadero sacerdote no lo tenía delante, sino detrás, el Hombre en el camino que pronunció esa palabra de sanidad.

¿Por qué estaba tan descontento con lo que los otros hombres parecían estar satisfechos? Después de todo, ¿el Hombre no los envió a seguir su camino? Giró sobre sus talones como un soldado que hubiera escuchado una orden. Tuvo un impulso, un llamado hacia algo más allá del atractivo personal. Decidió volver al Remitente. El Remitente parecía satisfecho, pero el exleproso era el que quería algo más. Viajó de regreso al Remitente, Jesús, el Hacedor de Milagros. Cuando llegó a Jesús, se postró a sus pies y lo adoró. Entonces, Jesús le hizo una pregunta. Rara vez Jesús, el omnisciente, preguntaba algo, pero esta vez tenía que hacer una. Nunca olvidaré la precisión de su pregunta. Le dijo al que regresó: «Y los otros nueve, ¿dónde están?».

Diez hombres se sanaron, pero al que regresó, Jesús le agregó el privilegio de ser pleno. Muchos ascenderán en la escalera corporativa. Algunos reclamarán los elogios de este mundo. En cambio, pronto todos se darán cuenta de que el éxito, incluso con todo su encanto, no puede curar un alma reseca que necesita el refrigerio de un cambio de paz. Nada puede traer la plenitud como la presencia de un Dios que permanece en el camino donde Él te bendijo por primera vez para ver si hay algo en ti que te traiga de regreso de lo temporal para abrazar lo eterno.

PROPÓSITO ESENCIAL: Diez hombres se sanaron, pero al que regresó, Jesús le agregó el privilegio de ser pleno.

MOMENTO DE TRANSFORMACIÓN: Quizá tú seas una de cada diez personas que tiene el discernimiento para saber que esta bendición no es nada sin Aquel que hizo que todo sucediera. ¡La mayoría de la gente está tan preocupada por sus necesidades inmediatas que no acepta la poderosa experiencia que proviene de una relación continua con Dios! Esto es para la mujer que vuelve al Remitente de los dones con el poder de la alabanza. Recuerda, la sanidad se puede encontrar en cualquier lugar, pero la integridad solo se logra cuando regresas al Remitente con todo tu corazón y le das las gracias por el milagro de una segunda oportunidad.

No seas de los otros nueve que se olvidaron del Hombre que les respondió en su momento más desesperado. No te conformes con un milagro ni con una historia de éxito, hija de Dios, recibe la plenitud de la vida con Jesús.

EL GOZO DE CADA ESTACIÓN

Todo tiene su tiempo, y todo lo que se quiere debajo del cielo tiene su hora. Tiempo de nacer, y tiempo de morir; tiempo de plantar, y tiempo de arrancar lo plantado; tiempo de matar, y tiempo de curar; tiempo de destruir, y tiempo de edificar; tiempo de llorar, y tiempo de reír; tiempo de endechar, y tiempo de bailar.

Eclesiastés 3:1-4

¿Recuerdas cómo en invierno cuelgan carámbanos de los tejados de las casas antiguas, apuntando hacia el suelo como estalactitas en una cueva? A medida que los árboles en ciernes y los días más cálidos desafían el ataque del frío invierno, los carámbanos comienzan a gotear y disminuir. Poco a poco, la tierra se va vistiendo para una nueva estación. Recuerdo muy bien cómo, de niño, sentía las alegrías de cada estación. Guardábamos los trineos al llegar la primavera. Cambiábamos los abrigos por suéteres y, luego, los desechábamos por solo mangas de camisa mientras el sol nos liberaba de nuestros capullos invernales. En el silencio de la noche, la savia que se había escondido en la parte inferior de los árboles se movía hacia arriba como un lento ascensor que asciende a la cima. A la luz de la mañana, los brotes se transformaban en flores y en verano las flores mostraban su fruto.

El invierno es solo el preludio que Dios toca para presentar el concierto de verano. A pesar de que su mano fría y congelada se apodera de nuestros bosques, céspedes y arroyos, su control aún puede romperse a través de la paciente perseverancia de la estación que es sensible al tiempo y al propósito divino.

No hay nada como el sentido del tiempo. No se puede fingir. Es como ver un coro balancearse al ritmo de una balada góspel. Siempre, alguien se moverá de forma irregular, tratando con urgencia de simular un sentido del tiempo. Moviendo sus pies con toda la gracia del Hombre de Hojalata en *El Mago de Oz*, no consigue aprender lo que tiene que sentir el cuerpo. La falta de tiempo es tan perjudicial como plantar maíz en los implacables vientos de un invierno de Alaska. Puede que no haya absolutamente nada de malo con la semilla ni en la tierra, sino solo el tiempo en el que el agricultor eligió esperar que se produjera el proceso.

PROPÓSITO ESENCIAL: El invierno es solo el preludio que Dios toca para presentar el concierto de verano.

MOMENTO DE TRANSFORMACIÓN: Todo tiene un tiempo y una hora (lee Eclesiastés 3:1). Debes entender que Dios es justo y que se apropia de las oportunidades para avanzar de acuerdo con su propósito. No sé si esto es cierto para todos, pero casi siempre la oscuridad precede a la notoriedad. El primer Salmo enseña que el hombre bienaventurado medita en la Palabra mientras espera. Dice que da fruto a su tiempo. Es bueno reconocer tu estación y prepararte antes de que llegue. Sin embargo, el fruto no crecerá antes de la estación adecuada. No exijas fruta cuando no esté en temporada. Incluso, los menús de los restaurantes tienen una nota que dice que ciertos artículos se pueden servir solo cuando la fruta está en temporada.

Pídele a Dios que te enseñe su ritmo para que puedas moverse en sincronía con sus estaciones. No te preocupes, querida hija, darás tu fruto en el momento adecuado.

CONSULTA EL ALMANAQUE DEL TIEMPO Y DEL PROPÓSITO DE DIOS

Hubiera yo desmayado, si no hubiera creído que había de ver la bondad del Señor en la tierra de los vivientes. Espera al Señor; esfuérzate y aliéntese tu corazón. Sí, espera al Señor.

Salmo 27:13-14 (lbla)

Suponiendo que ahora entiendes la necesidad de los pequeños comienzos, y dando por sentado que te das cuenta de que cualquier cosa que tengas no sustituirá a Aquel que la dio y que el éxito solo crea una plataforma para que la responsabilidad se amplíe, puedes empezar a averiguar dónde estás en el calendario, en el almanaque divino de Dios. ¿Sabías que Dios tiene un almanaque? Quizá no sepas qué es un almanaque. Mi madre siempre consultaba el almanaque para determinar el mejor momento para plantar la cosecha que pretendía recoger. Es un calendario que presenta las estaciones y ciclos de un año. Verás, el principio del tiempo de la siembra y la cosecha no anulará la comprensión del tiempo y el propósito. ¡Dios hace todo de acuerdo con su almanaque eterno de tiempo y propósito!

En otoño, se remueve la tierra para que los tallos del año que pasó se conviertan en la cosecha del año siguiente. Los terrones rotos recién removidos, llenos de tallos de maíz triturados y cubiertos de estiércol, forman el mantillo que necesitas para preparar el terreno y reponer la tierra hambrienta tras la cosecha anterior. Al igual que la tierra que ha dado mucho y recibido poco, tú también necesitas que te rompan, te den la vuelta, que te dejen descansar por un tiempo y que te preparen para la siguiente estación de cosecha. Si la tierra produjera sin descansar, pronto se le despojaría de todos los minerales preciosos que necesita para ser productiva.

Pídele a Dios que te dé la paciencia que necesitas para poder actuar. Puede que te sientas como una niña esperando en la fila de una feria. Siempre habrá ocasiones en las que otras personas reciban sus cuotas y tú te veas obligada a esperar tu turno. Esto no es injusticia; es orden. El orden no tiene nada de injusto. Sin embargo, después de haber esperado tu turno y pagado tus cuotas, ¡llega un momento en el que te toca a ti!

PROPÓSITO ESENCIAL: ¡Dios hace todo de acuerdo con su almanaque eterno de tiempo y propósito!

MOMENTO DE TRANSFORMACIÓN: Quizá acabaras de completar un tiempo en el que te dieron la vuelta y pasaste por experiencias llenas de estiércol. ¡Ese período fue solo un prerrequisito para un milagro! Dale gracias a Dios por las etapas de descanso que Él les da a sus hijos. Cuando superes esa estación, también vendrá el momento del éxito. Una vez que llegue, no te olvides de alabar al Dios que te dio las alas y el aire para remontar. Sea cual sea la estación en la que te encuentres, no la desperdicies. Al igual que las estaciones naturales, hay algo importante en cada tiempo. Todas las estaciones son necesarias para dar frutos. Así como la Biblia nos enseña a no despreciar nuestros pequeños comienzos, no debemos despreciar el tiempo de Dios.

Pídele a Dios que te dé una comprensión más profunda de la estación en la que te encuentras. Pídele que te muestre lo que está creciendo justo debajo de la superficie. ¡Es más glorioso de lo que crees!

PARA UN MOMENTO COMO ESTE

Si ahora te quedas absolutamente callada, de otra parte vendrán el alivio y la liberación para los judíos, pero tú y la familia de tu padre perecerán. ¡Quién sabe si no has llegado al trono precisamente para un momento como este!

ESTER 4:14 (NVI®)

Mardoqueo le enseñó a la reina Ester una lección esencial cuando pronunció esas palabras. Quería que se diera cuenta de que Dios le daba la oportunidad de ser una bendición. Ahora bien, no se la dio para que pudiera presumir de la nobleza de la cual vino a ser parte. A Dios no le interesa la grandeza humana. Cuando Él nos permite ascender a las nubes, es solo para que podamos detener la lluvia con el conocimiento obtenido durante el laborioso progreso de nuestras propias experiencias. Mardoqueo le mostró a Ester que Dios la estuvo preparando toda su vida para un momento como este. A pesar del tremendo desafío que se le presentó, era la mujer para la tarea. Era la escogida de Dios, una sierva elegida de manera adecuada y dotada de forma maravillosa para el logro de una declaración victoriosa.

El consejo de Mardoqueo preparó la mente de Ester para el propósito que Dios tenía desde el principio a fin de elevar su posición. El consejo puede preparar tu mente, pero solo la oración ferviente puede preparar tu espíritu para las grandes tareas que vienen al ser tu momento. Ningún consejo preparará tu corazón como la oración.

Ester era una mujer sabia; convocó a un ayuno. Una vez que Mardoqueo ejercitó su mente a través de sabios consejos, llamó a un tiempo de ayuno y oración para preparar su espíritu. Sabía que la oración fortalece el espíritu y evita que una persona se hunda bajo el peso de la oposición. No solo oró, sino que también les enseñó a orar a todos los que estaban bajo su autoridad. He aprendido que es difícil trabajar con personas que no oran. Incluso, nuestros hijos oran. Ahora bien, no estoy sugiriendo que seamos perfectos. No oramos porque seamos perfectos, ¡oramos porque no lo somos! La oración es una fuerte defensa contra el ataque satánico. Si Ester no hubiera orado, habría caído presa de las astutas artimañas de Amán, ¡su malvado enemigo!

PROPÓSITO ESENCIAL: El consejo puede preparar tu mente, pero solo la oración ferviente puede preparar tu espíritu para las grandes tareas que vienen al ser tu momento.

MOMENTO DE TRANSFORMACIÓN: Si quieres ser parte de los grandes propósitos de Dios en la tierra, te exhorto a que seas una mujer de ferviente oración. Ester fue la elegida de Dios para un mandato importante. La colocó en un lugar de autoridad con gran influencia. Contaba con el acceso al rey, quien tenía el poder de salvar a su pueblo. Si deseas que te eleven a una posición de influencia, asegúrate de escudriñar tu corazón y tus motivaciones. Si en algún lugar profundo todavía estás buscando la afirmación de la gente, no te irá bien. Ester no tomó su posición a la ligera. Sabía que solo podría tener éxito en su misión si Dios la respaldaba, así que lo buscó con fervor.

Amada, tú también tienes acceso al Rey. ¡Él te ha puesto en la tierra para un momento como este! No pierdas tu momento.

SIEMBRA CON LÁGRIMAS, PERO COSECHA CON REGOCIJO

Los que sembraron con lágrimas, con regocijo segarán. Irá andando y llorando el que lleva la preciosa semilla; mas volverá a venir con regocijo, trayendo sus gavillas.

Salmo 126:5-6

Como las arenas que caen en cascada en un reloj de arena, el tiempo se escapa en silencio, sin posibilidad de recuperarlo, casi todos los días. El mal uso de algo tan valioso como el tiempo debería ser un delito. Si alguien te roba el auto, sería un inconveniente, pero no una tragedia, pues puedes adquirir otro con facilidad. Si alguien te arrebata la cartera, sería una molestia, pero algunas llamadas telefónicas salvarían la mayoría de tus preocupaciones. En cambio, ¿a quién puedes llamar si sufres la pérdida de tiempo, y no solo de tiempo, sino de *tu tiempo*? ¿Quién puede permitirse perder su tiempo? Yo no puedo, ¿y tú?

Lo que más miedo me da es la posibilidad de perder el tiempo. Por lo general, en algún lugar al otro lado de una tremenda prueba está la cosecha de tu sueño. Si plantaste las semillas de una promesa y las riegas a fondo con las lágrimas de la lucha, este es tu momento. Ay de la persona que tiene semillas sin agua. Las lágrimas de la lucha se convierten en el riego del Espíritu Santo. A través de tus propias luchas llenas de lágrimas es que Dios dirige las aguas de la vida al campo de tus sueños.

Por otro lado, debes saber cuándo has derramado suficientes lágrimas. Es importante que no te quedes atascada en un estado de lamentación. En resumen, ¡no riegues demasiado la promesa! Se necesita una cierta cantidad de lágrimas durante el tiempo de la siembra. Sin embargo, cuando llegues a la cosecha, no dejes que el diablo te mantenga llorando. Las lágrimas son para el sembrador, pero el regocijo es para el segador. Cosecha tu campo con regocijo. Pagaste tus cuotas y derramaste tus lágrimas; ahora, recoge tus beneficios. Es tu turno. ¡Cosecha con el regocijo de rodillas, dientes, manos y pies!

PROPÓSITO ESENCIAL: Las lágrimas son para el sembrador, pero el regocijo es para el segador. Cosecha tu campo con regocijo.

MOMENTO DE TRANSFORMACIÓN: La grandeza tiene una sed tremenda. Esta sed se sacia en la lucha con lágrimas hacia el destino. Una cosa que aprendí sobre la vida es que ni el compañerismo ni la amistad pueden rebajar el precio del sacrificio personal. Lo que quiero decir es que nadie puede regar tus sueños más que tú. No importa cuántas personas te tomen de la mano, aún tú debes derramar tus propias lágrimas. Otros pueden llorar contigo, ¡pero no pueden llorar por ti! Esa es la mala noticia. ¡La buena noticia es que habrá una cosecha al final de tus lágrimas! Cuando la veas venir, cambia el llanto por la risa.

Si estás sembrando con lágrimas, dedica un momento para hacer una pausa en la presencia de Dios. Pregúntale si has regado lo suficiente esa tierra. Solo Él sabe la respuesta. Todo el mundo pasa «a través» de estas etapas, pero las palabras importantes son «a través». Hay otro lado de tu siembra. ¡Hay una cosecha de regocijo!

SÉ UNA CREYENTE PREPARADA

Aconteció que al tercer día se vistió Ester su vestido real, y entró en
el patio interior de la casa del rey, enfrente del aposento del rey; y
estaba el rey sentado en su trono en el aposento real, enfrente de la
puerta del aposento. Y cuando vio a la reina Ester que estaba en
el patio, ella obtuvo gracia ante sus ojos; y el rey extendió a Ester
el cetro de oro que tenía en la mano. Entonces vino Ester y tocó la
punta del cetro.

Ester 5:1-2

El cambio de ropa de Ester significa nuestra necesidad de modificar nuestras circunstancias para facilitar el éxito de la visión que tenemos ante nosotros. Todo debe estar comprometido
con la meta: cuerpo, alma y espíritu. Cuando el rey vio a una
persona preparada, le concedió el fin esperado. La atrajo a su presencia porque se preparó para su momento. Por favor, escúchame;
hay una bendición en el horizonte para la persona con propósito.
Solo las preparadas serán elegibles para recibir esta investidura del
Señor, ¡así que prepárate!

Este es un momento emocionante para la creyente preparada. Creo que muchas están llegando a tiempos de «luz verde». Te
sientes como si hubieras estado esperando sin ver ningún resultado, casi como un automóvil aguardando en una intersección.
Entonces, de pronto, el semáforo cambia de rojo a verde y eres
libre para moverte. Cuando Dios cambia el semáforo en tu vida
de rojo a verde, puedes lograr cosas que trataste de hacer en otras
ocasiones, pero que no pudiste realizar. Qué momento tan emocionante es encontrar de repente que tu motor se pone en marcha

y tus turbinas giran en una producción armoniosa. En segundos, ¡pum!, tus neumáticos chirrían desde un punto muerto hasta la velocidad del *jet*. Estás en la carretera de nuevo.

Creo con todo mi corazón que pronto las personas a quienes Dios tenía esperando su turno saldrán al frente y entrarán en el carril rápido. Preparadas por la paciencia y humilladas por los desafíos personales, marcarán el comienzo de una nueva estación en el ciclo del Reino. ¿Eres parte de lo que Dios está haciendo, o sigues mirando hacia atrás a lo que hizo Dios? ¡Quiero verte quemar un poco de neumático espiritual para Jesús!

PROPÓSITO ESENCIAL: Creo con todo mi corazón que pronto las personas a quienes Dios tenía esperando su turno saldrán al frente y entrarán en el carril rápido.

MOMENTO DE TRANSFORMACIÓN: Una vez conocí a un evangelista en un retiro. Se despertaba todas las mañanas mientras el resto de los ministros aún dormían y salía a correr durante horas bajo el rocío de la madrugada. Cuando desperté, venía por el pasillo con la cara enrojecida y reluciente de sudor. Sonreía como si supiera un secreto. Más tarde, le pregunté: «¿Por qué no intentas descansar en lugar de correr por los terrenos como si te estuvieras preparando para una pelea con Muhamad Alí?». Se rio y nunca olvidaré su respuesta. Dijo: «Todos los días leo para mi mente. Oro para mi espíritu. Y corro para mi cuerpo». Explicó: «Si toco los tres elementos, todas las partes de mi ser se ejercitan para funcionar bien».

Ser una creyente preparada es alistarse de forma activa para lo que Dios quiere hacer en tu vida. Prepárate, ¡el semáforo está a punto de cambiar!

DE CUALQUIER MANERA ME BENDICES, SEÑOR

Porque sol y escudo es Jehová Dios; gracia y gloria dará Jehová. No quitará el bien a los que andan en integridad.

SALMO 84:11

P uede haber cierto grado de reserva en la mente de la persona que piensa. «¿Qué tal si entro en mi estación y experimento las ricas bendiciones que Dios me ha prometido durante mucho tiempo y, luego, termina la estación? ¿Cómo puedo soportar volver a la reclusión y estar contenta? ¿No es difícil, una vez que una persona ha sido la protagonista, volverse sumisa y letárgica después de estar expuesta a la emocionante sensación de carreras de una época de luz verde en la vida?». Todas estas son excelentes preguntas que deben abordarse. Al fin y al cabo, ¿de qué sirve tener tu estación si sobre tu cabeza se acumulan las sombrías nubes de advertencia que no dejan de retumbar en tus oídos como una persistente amenaza? Amenazan con que todo lo que haces ahora no durará.

En primer lugar, permíteme reprender al espíritu de temor. Debemos declararle a Dios este temor. No nos atrevemos a enamorarnos de lo que Dios hace, pero siempre debemos estar enamorados de quién es Dios. Él no cambia. Por eso, debemos poner nuestros afectos en las cosas eternas. Su propósito no cambia. Sus métodos pueden cambiar, pero su propósito final no. La gente tiene la necesidad de saber lo que viene después. Dios no siempre nos da acceso a esta información, pero promete que si caminamos en integridad, no nos negará ningún bien (lee el Salmo 84:11).

Por lo tanto, concluyo que si Dios lo retuvo, ya no obraba para mi bien. Entonces, estoy listo para la siguiente tarea; será buena para mí.

Cuando era joven, había una anciana en nuestra iglesia que solía cantar una canción que decía algo como esto: «De cualquier manera me bendices, Señor, estaré satisfecho». Qué lugar tan maravilloso para estar, un lugar donde puedes confiar en que el Dios en quien crees obrará para tu supremo bien. Él sabe cuántas veces y por cuánto tiempo se debe cultivar tu campo para la cosecha. Hay una paz que los cristianos deben tener, a fin de poder disfrutar de la vida. Verás, siempre hay un terreno en el que puedes ser fructífera; solo puede que no sea el mismo todo el tiempo.

PROPÓSITO ESENCIAL: No nos atrevemos a enamorarnos de lo que Dios hace, pero siempre debemos estar enamorados de quién es Dios.

MOMENTO DE TRANSFORMACIÓN: Lo que siempre debemos recordar es que Dios puede bendecirnos en muchos ámbitos diferentes. Incluso, mientras estábamos en los períodos de espera de la vida, se bendecía alguno que otro aspecto. Lo cierto es que no hay tiempos de «abatimiento» en Dios. Solo nos sentimos deprimidos cuando, como niños mimados, le exigimos que continúe dándonos lo que hizo en una etapa sin apreciar el hecho de que pasamos de una etapa a otra. Es lo que la Palabra llama por fe y para fe (lee Romanos 1:17). Dios te ha preparado demasiado como para dejarte sin ningún campo de productividad.

¿Puedes cantar esa canción también: «De cualquier manera me bendices, Señor, estaré satisfecho»? ¿O estás perdiendo el sueño por lo que no tienes aún? Pídele a Dios que sepas apreciar las bendiciones que tienes en este momento.

IMITA A LOS AGRICULTORES Y DIVERSIFICA TU COSECHA

Predica la palabra; insiste a tiempo y fuera de tiempo; redarguye, reprende, exhorta con mucha paciencia e instrucción.

2 Timoteo 4:2 (lbla)

¡Creo que uno de los mayores errores de Saúl fue enamorarse del reino y no del Rey! Se sintió tan intimidado cuando Dios decidió trasladar a alguien a su posición que trató de matar a su sucesor. Te sorprendería saber cuántas buenas personas intentan matar a sus sucesores. Las madres están celosas de sus propias hijas. Los padres menosprecian a sus propios hijos. Si se acabó tu tiempo como buen boxeador, ¿por qué no puedes aprender el arte de ser un excelente entrenador?

Hablando de entrenadores, el apóstol Pablo, quien fue un excelente ministro del evangelio, comenzó en el invierno de su ministerio a volcar sus conocimientos en su sucesor. No estaba celoso. Empezó el proceso de entrenar la grandeza que reconocía en la vida de otro hombre. Aquí lanza un concepto que es muy poderoso. Aconseja a Timoteo que desarrolle la capacidad de estar preparado a tiempo y fuera de tiempo. Parece casi contradictorio sugerir que Dios quiere que estemos preparados a tiempo, así como cuando nuestro tiempo parece estar en retroceso. Nunca pude entender este versículo hasta que otro predicador empezó a comentarme algunas técnicas agrícolas que no había aplicado a esta búsqueda de la excelencia en el ministerio ni en cualquier otro ámbito.

El agricultor que cultiva de forma continua puede hacerlo porque produce más de un tipo de cosecha. Tiene varios campos diferentes y rota un cultivo determinado de un campo a otro. Siembra maíz en un campo, y este crece y produce mazorcas de maíz amarillo en altos tallos verdes que se mecen con el viento y brillan al sol. Con el tiempo, termina la temporada del maíz. El agricultor toma los viejos tallos que se pusieron marrones y marchitos, y los ara también. Ahora bien, el agricultor siempre piensa en el mañana. Ara y fertiliza el campo, y lo deja descansar del cultivo de maíz. Mientras tanto, en el otro campo se corta la alfalfa para la última cosecha de heno y también se ara. En la primavera, el agricultor rota sus cultivos; el campo donde que se cultivaba maíz, ahora produce alfalfa, y en el campo donde antes se sembró alfalfa, ahora brotan tallos de maíz. Este trabajador vestido con un mono siempre será productivo, pues entiende la importancia de ser polifacético.

PROPÓSITO ESENCIAL: Este trabajador vestido con un mono siempre será productivo, pues entiende la importancia de ser polifacético.

MOMENTO DE TRANSFORMACIÓN: Pablo le dice a Timoteo que insistiera a tiempo y fuera de tiempo. Luego le dice que sea diverso. Según sus instrucciones, debemos reprender y exhortar. También debemos ser capaces de dejar que las cosas descansen y animar a los demás. Creo que muchas personas pierden el sentido de autoestima porque no logran diversificarse. Luego, cuando termina la temporada de un don, no están preparadas para ningún otro ámbito. Si escuchamos con atención la voz de Dios, podemos ser productivos en cada etapa de la vida. No importa si se nos respeta como jugadores o como entrenadores. Lo que importa es que, en última instancia, contribuimos en algún nivel al juego. Debemos permanecer en el juego. En resumen, la diversidad es clave para la longevidad.

¿Cómo puedes aplicar esto a tu propia vida y convertirte en una mujer con diversas fortalezas? Invita al Espíritu Santo a que te dé las claves para la diversidad, y para estar dispuesta a tiempo y fuera de tiempo.

Día noventa

¡ES TU MOMENTO!

Porque como desciende de los cielos la lluvia y la nieve, y no vuelve allá, sino que riega la tierra, y la hace germinar y producir, y da semilla al que siembra, y pan al que come, así será mi palabra que sale de mi boca; no volverá a mí vacía, sino que hará lo que yo quiero, y será prosperada en aquello para que la envié.

Isaías 55:10-11

El Maestro ha creado una obra maestra en ti. Él ha tomado cada lucha y prueba, cada percance y negligencia, para cultivar en ti la tierra necesaria para hacerte reproductiva. Se enviaron vientos contrarios para alejarte de personas y grupos que no crearían un clima propicio para lo que Dios quiere hacer en tu vida. A la luz del «brillo de su propio Hijo» divino, Él te ha iluminado y establecido. Está a punto de desvelar un nuevo campo de gloria en tu vida.

Qué celebración debería estar ocurriendo dentro de ti en este momento. Debería haber una triple celebración en tu corazón ahora mismo. En primer lugar, debes mirar hacia atrás, a tus tiempos de oscuridad, cuando Él te araba y fertilizaba, y agradecerle a Dios que todavía estés aquí para testificar de su poder sustentador. Una vasija menor no habría sobrevivido tu testimonio. En segundo lugar, mira a tu alrededor las bendiciones que tienes ahora mismo. Con un brillo en tus ojos y una melodía en tu corazón, dale gracias a Dios por lo que hace incluso en este momento. Tu tierra recién cultivada está llena de potencial y semillas por nacer. Quién sabe todo lo que Dios ha plantado en ti, amada hija. Ha comenzado una obra, una buena obra, en ti. Celébralo cada vez que te despiertes por la mañana. Mira por encima de tus campos cubiertos de paja, ahuyenta los pájaros de la duda y el miedo, y dale gracias a Dios. Respira el aire fresco en tus pulmones agradecidos, alegrándote solo de estar aquí.

En tercer lugar, debes celebrar lo que Dios está a punto de hacer en tu vida. Tu corazón debería latir con fuerza en tu pecho; ¡tu sangre debería correr como el motor de un auto que se acelera muy rápido en una carrera de resistencia! Estás al entrar en la mayor cosecha de tu vida. El enemigo sabe que pronto será la recolección. Por eso luchó contra ti como lo hizo. Se da cuenta de que este es tu momento. ¿No es así?

PROPÓSITO ESENCIAL: El Maestro ha creado una obra maestra en ti. Él ha tomado cada lucha y prueba, cada percance y negligencia para cultivar en ti la tierra necesaria para hacerte reproductiva.

MOMENTO DE TRANSFORMACIÓN: Un poderoso movimiento profético está al estallar en tu vida. ¿Estás lista para que se cumpla la palabra del Señor que se habló sobre ti? ¡Prepárate! ¡Date prisa, dispón tu mente, cámbiate de ropa! ¡Ponte tus zapatos para gritar! Cuando las noticias que están en tu espíritu lleguen a tu mente, lágrimas de alegría mojarán la pista para tu despegue. Nunca leas sobre otra persona y desees ser ella. Jamás quieras haber vivido en otro momento. Te crearon para un momento como este, ¡y este momento se creó para ti! Deja de leer y mirar el reloj. Ríete todo lo que quieras y alaba a tu Dios. ¿Sabes qué hora es hija de Dios? ¡Es tu momento!

ACERCA DE T.D. JAKES

T.D. Jakes es autor de superventas según el *New York Times* de más de cuarenta libros y es el director ejecutivo de *TDJ Enterprises, LLP*. Su ministerio en programas de televisión, *The Potter's Touch*, es visto por 3,3 millones de espectadores cada semana. Ha producido música y películas ganadoras de premios Grammy como *El Cielo es real, Sparkle,* y *Dos familias y una boda*. Siendo maestro en la comunicación, organiza *MegaFest, Woman Thou Art Loosed* y otras conferencias a las que asisten decenas de miles de personas.